四川省示范性高职院校建设项目成果

汽车车身制造技术

主 编 蒋开正

西南交通大学出版社
·成都·

图书在版编目（ＣＩＰ）数据

汽车车身制造技术 / 蒋开正主编. —成都：西南
交通大学出版社，2014.1（2021.1 重印）
四川省示范性高职院校建设项目成果
ISBN 978-7-5643-2619-7

Ⅰ. ①汽⋯ Ⅱ. ①蒋⋯ Ⅲ. ①汽车－车体－车辆制造
－教材 Ⅳ. ①U463.820.6

中国版本图书馆 CIP 数据核字（2013）第 206451 号

汽车车身制造技术

主编 蒋开正

责 任 编 辑	孟苏成
助 理 编 辑	罗在伟
封 面 设 计	墨创文化
出 版 发 行	西南交通大学出版社 （四川省成都市二环路北一段 111 号 西南交通大学创新大厦 21 楼）
发 行 部 电 话	028-87600564　　028-87600533
邮 政 编 码	610031
网 址	http://www.xnjdcbs.com
印 刷	成都蓉军广告印务有限责任公司
成 品 尺 寸	185 mm×260 mm
印 张	11.75
字 数	292 千字
版 次	2014 年 1 月第 1 版
印 次	2021 年 1 月第 5 次
书 号	ISBN 978-7-5643-2619-7
定 价	25.00 元

序

在大力发展职业教育、创新人才培养模式的新形势下，加强高职院校教材建设，是深化教育教学改革、推进教学质量工程、全面培养高素质技能型专门人才的前提和基础。

近年来，四川职业技术学院在省级示范性高等职业院校建设过程中，立足于"以人为本，创新发展"的教育思想，组织编写了涉及汽车制造与装配技术、物流管理、应用电子技术、数控技术等四个省级示范性专业，以及体制机制改革、学生综合素质训育体系、质量监测体系、社会服务能力建设等四个综合项目相关内容的系列教材。在编撰过程中，编著者立足于"理实一体"、"校企结合"的现实要求，秉承实用性和操作性原则，注重编写模式创新、格式体例创新、手段方式创新，在重视传授知识、增长技艺的同时，更多地关注对学习者专业素质、职业操守的培养。本套教材有别于以往重专业、轻素质，重理论、轻实践，重体例、轻实用的编写方式，更多地关注教学方式、教学手段、教学质量、教学效果，以及学校和用人单位"校企双方"的需求，具有较强的指导作用和较高的现实价值。其特点主要表现在：

一是突出了校企融合性。全套教材的编写素材大多取自行业企业，不仅引进了行业企业的生产加工工序、技术参数，还渗透了企业文化和管理模式，并结合高职院校教育教学实际，有针对性地加以调整优化，使之更适合高职学生的学习与实践，具有较强的融合性和操作性。

二是体现了目标导向性。教材以国家行业标准为指南，融入了"双证书"制和专业技术指标体系，使教学内容要求与职业标准、行业核心标准相一致，学生通过学习和实践，在一定程度上，可以通过考级达到相关行业或专业标准，使学生成为合格人才，具有明确的目标导向性。

三是突显了体例示范性。教材以实用为基准，以能力培养为目标，着力在结构体例、内容形式、质量效果等方面进行了有益的探索，实现了创新突破，形成了系统体系，为同级同类教材的编写，提供了可借鉴的范样和蓝本，具有很强的示范性。

与此同时，这是一套实用性教材，是四川职业技术学院在示范院校建设过程中的理论研究和实践探索的成果。教材编写者既有高职院校长期从事课程建设和实践实训指导的一线教师和教学管理者，也聘请了一批企业界的行家里手、技术骨干和中高层管理人员参与到教材的编写过程中，他们既熟悉形势与政策，又了解社会和行业需求；既懂得教育教学规律，又深谙学生心理。因此，全套系列教材切合实际，对接需要，目标明确，指导性强。

　　尽管本套教材在探索创新中存在有待进一步锤炼提升之处，但仍不失为一套针对高职学生的好教材，值得推广使用。

　　此为序。

四川省高职高专院校
人才培养工作委员会主任　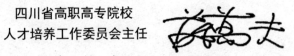

二〇一三年一月二十三日

前　言

　　本书是为适应高等职业教育发展的需要，强化职业能力的培养，推行"工学结合"人才培养模式和理实一体化教学而编写的教材。同时，本教材可满足汽车制造与装配专业技能型紧缺人才培养需求。

　　本教材编写的总体设计思路是，以就业为导向，能力为本位，以培养学生的职业技能和就业能力为宗旨。在教材编写过程中，基于工作过程开发理念，根据汽车车身制造技术领域和职业岗位能力要求，确定教材内容；以完成汽车车身制造过程中实际的工作任务为目标，按项目采用任务驱动的形式组织编写；合理控制理论知识，注重实践技能的训练，突出新技术、新工艺、新知识和新方法，有较强的岗位针对性和实用性。

　　本书由四川职业技术学院蒋开正担任主编，并编写项目一。四川职业技术学院鲜小红编写项目二，毛俊编写项目三，王宏编写项目四。参与本教材的编写的企业行业专家有四川南骏汽车集团有限公司副总经理蔡方学，CAE 分析工程师孙信，技术员蒋友进，东风小康汽车有限公司工艺室主任苏术福等。

　　本书在编写过程中得到了同行和同事们的大力支持，在此表示衷心的感谢。由于编者水平所限，教材难免存在缺点与不足，承望读者给予批评指正。

编　者
2013 年 4 月

目　录

项目一 汽车车身结构

▰ 项目描述

车身作为汽车几大组成部件之一，它在汽车上所处的地位和价值越来越高，也越来越受到重视。从质量上来说，轿车、客车的车身已占整车的 40%~60%，货车车身达 20%~30%，从制造成本上来说，车身占整车的百分比还要超过这个数值的上限，而且随着科学技术的发展和物质生活水平的提高，人们追求汽车的安全性、舒适、新颖和豪华等特色大多要通过汽车车身来体现。近年来，车身技术的发展迅猛，逐渐成为汽车工业激烈竞争的主战场。

汽车车身不同于一般的机械产品。车身对整车的安全性、动力性、经济性、舒适性及操控性有着重要的影响。汽车车身的设计与制造需要综合运用成形技术、人机工程、材料学、冲压、焊接、涂装、装饰、防振隔音、采暖通风等各方面的知识。因此，车身技术的发展状况足以反映一个国家的工业水平。作为一个汽车车身设计与制造者，必须熟悉汽车车身的结构，故本项目的是培养学生了解汽车车身的结构，了解汽车车身的制造工艺过程。

▰ 项目目标

➢ 熟悉轿车、货车车身结构；
➢ 了解车身制造工艺过程。

▰ 项目任务

➢ 任务一 汽车车身结构认识

▰ 项目实施

任务一 汽车车身结构认识

【任务分析】

本任务是认识汽车车身结构，掌握汽车各组成部件的结构特点，以便在汽车车身制造过程，能根据其结构特点，确定加工方法。在进行本任务过程中，重点要掌握车身的类型及特点，熟悉轿车与货车的车身结构。

【相关知识】

一、车身的类型

1. 汽车车身按用途分类

汽车车身按用途分类可分为以下3类：

1）轿车车身

轿车车身分为四门车身、双门车身、双座车身、活顶车身、客货两用车身等多种。根据顶盖的结构又可分为移动式顶盖、折叠式顶盖、可拆式顶盖等。

2）客车车身

客车车身分为城市公共汽车车身、长途客车车身、旅游客车车身等。城市公共汽车车身地板离地高度较低，车门较大或较多。长途客车车身一般只有一扇车门，地板离地高度一般在1m以上；另有一类长途客车采用卧铺车身。旅游客车车身与长途客车车身没有本质上的差别，但其外观往往更豪华和讲究，更注重乘客的舒适性。

3）货车车身

货车车身通常包括驾驶室和货箱两部分。货箱又可以分为传统式货箱、封闭式货箱、自卸式货箱、专用车货箱以及特种车货箱等多种。

2. 汽车车身按车身壳体的结构分类

汽车车身按用途分类形式可分为以下3类：

1）骨架式

骨架式车身壳体结构具有完整的骨架（或构架），车身蒙皮就固定在已装配好的骨架上。

2）半骨架式

半骨架式车身壳体只有部分骨架（如单独的支柱、拱形梁、加固件等），它们彼此直接相连或者借助蒙皮板相连。

3）壳体式

没有骨架，而是利用各蒙皮板连接时所形成的加强筋来代替骨架。客车及较大型车厢多采用骨架式，轿车和货车驾驶室广泛采用壳体式。

3. 汽车车身按车身的受力情况分类

汽车车身按车身的受力情况不同可分为以下3类：

1）非承载式

非承载式车身的下面的足够强度和刚度的独立车架，车身通过橡胶软垫或弹簧等减振材料与车架作多点柔性连接.大部分载荷几乎全部由车架承受，车身壳体不承载或只在很小程度上由于底架弯曲或扭曲变形所引起的部分载荷。

非承载式车身具有减振性能好、工艺简单、易于改型、安全性好的优点，但也有质量大，承载面高、投入多的不足。

非承载式车身需要独立的车架，广泛用于客车、货车车身上。

2）半承载式

半承载式仍保留有车架，发动机总成、底盘、悬架等也装在车架上，车身通过焊接、铆接或螺钉与车架刚性连接，车架是承受各个总成载荷的主要构件，车身在一定程度上有助于加固车架，分担车架所承受的一部分载荷。

半承载式车身的骨架强度有所提高，而车架的强度则允许相应减弱。承载面高度和车身质量都有所降低，较高地克服了非承载式车身存在的缺点。由于半承载式车身结构仍然保留有车架，降低车身自重与高度便受到了限制。

3）承载式车身

承载式车身又称为整体式车身。其特点是汽车没有车架，车身是承担全部载荷的刚性壳体，发动机和底盘各总成直接安装在车身上，车身兼有车架的作用并承受全部载荷。所承受的载荷包括载重质量、驱动力、制动力以及来自不同方向的冲击、震动等。

承载式车身可有效减轻自身质量，并使车身结构合理化。大多数中级、普通级、微型轿车和部分客车车身常采用承载式结构。

承载式车身虽然没有独立的车架，但由于车身与类似于车架功能的车身底板，采用组焊等方式制成整体刚性框架，使整个车身（底板、骨架、内外蒙皮、车顶等）都参与承载。这样，分散开来的承载力分别作用于各个车身结构件上，车身整体刚度和强度同样能够得到保证。

承载式车身的优点是：质量小、生产性好，适合现代化大批量生产。它不像制作车架那样非使用厚钢板冲压、焊接不可，而是采用容易成形的薄钢板冲压。并且点焊工艺和多工位自动焊接等自动化生产方式的采用，使车身组焊后的整体变形小，且生产效率高、质量保障性好、结构紧凑、安全性好（由薄板冲压成形组焊而成的车身，具有均匀承受载荷并加以扩散的功能，对冲击能量吸收性好。尽管当汽车发生冲撞事故时局部变形较大，但影响却相对小得多，使汽车的安全保障性得到发挥与提高）。

承载式车身也有足之处，如底盘部件与车身结合部在汽车运动载荷的冲击下，极易发生疲劳损坏；乘员室也容易受到来自汽车底部的震动与噪声的影响。为此，需要有针对性地采取一些减振、消音等技术措施。另外，由于事故所导致的整体变形复杂，并且车身定位参数的变化，还会直接影响到汽车的行驶性能。

二、汽车车身结构

（一）轿车车身结构

目前，小轿车车身构造形式主要有两种，即有车架车身结构形式与无车架整体式车身结构形式。

1. 有车架车身结构形式

有车架车身结构形式的车架承受汽车运行所受到的荷载，轿车的壳体与车架是可分离的两个部分，车厢通过减震装置与车架相连接，基本上不承受荷载，如图 1.1.1 所示。

图 1.1.1　有车架车身结构形式

　　现代汽车车架的纵梁通常是用槽钢或盒形截面组合钢梁制成的，车架横梁、托架与纵梁一般用铆钉连接。大多数传统车架前部窄而后部宽，这样可使汽车便于转弯。在传统的车架式车身结构中，车架是汽车的底座，车身和汽车上所有主要零部件都固定安装在车架上。车架必须有足够的强度承受汽车运行时的各种荷载，甚至在发生碰撞时，仍能保持汽车其他部件的正常位置。因此，车架是汽车最重要的部分。

　　车身与车架通常用螺栓连接在一起。为了减少震动和噪声，在连接点处特制的橡胶坐垫置于车身与车架之间将它们隔开。某些高级汽车车身与车架之间还安装有减震器可将汽车高速行驶时传至车身的震动减至最小。

2. 无车架整体式车身结构形式

　　轿车普遍采用无车架整体式车身，即承载式车身。无架式车身整个车身没有单独的车架。由于无车架结构，整个车身几何空间比较小。

　　无架式车身是以压力加工而成的不同形状的薄钢板散件、钣金件点焊连接成一个整体，具有良好的抗弯曲和抗扭曲的性能，但从传动和悬挂系统传来的震动和噪声直接进入地板槽，可能引起车身强烈震动，设计时需要附加抑制震动和噪声的隔震或减震装置。图 1.1.2 所示为典型的无车架整体式车身结构形式。无车架整体式轿车车身上典型零部件的名称如图 1.1.3 所示。

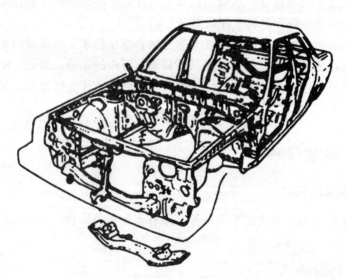

图 1.1.2　无车架整体式车身结构形式

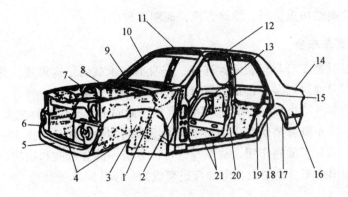

图 1.1.3 整体式车身上典型零部件壳的名称

1—挡泥板加强件；2—前车身铰柱；3—挡泥板；4—内外前梁；5—前横梁；6—散热器支架；
7—支柱支承；8—防火板；9—前围上盖板；10—风扇立柱（A柱）；11—顶盖梁；
12—顶盖侧梁；13—保险杠支承；14—后备箱盖；15—折线；16—后顶盖侧板；17—车轮罩；
18—止动销；19—后车门锁定立柱（C柱）；20—中部立柱（B柱）；21—门槛板

（二）货车车身结构

货车车身主要是驾驶室，由于只货车驾驶室占汽车长度的小部分，不可能采用承载结构。货车驾驶室结构如图 1.1.4 所示。

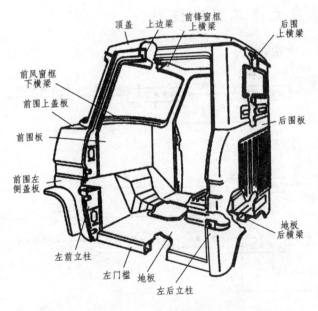

图 1.1.4 解放 CA1092 型货车驾驶室壳体

（三）客车车身

客车车身分为非承载式、半承载式和承载式 3 大类。

1. 非承载式客车车身

载荷主要由车架承担，车身的构件主要是金属薄板经冲压成形，构件之间配以加强板用铆接方式连接。这类结构重量轻，维修方便，而刚度较小。

2. 半承载式客车车身

半承载式车身就是车身与车架刚性连接，车身部分承载的结构形式。其结构特点是底盘仍保留有车架，车身通过焊接、铆接或螺钉与车架作刚性连接，是一种介于非承载式车身和承载式车身之间的车身结构。它的车身本体与底架（此时的车架也可称之为"底架"）用焊接或螺栓刚性连接，将车身骨架侧壁立柱与车架纵梁两侧的外伸横梁连接在一起，加强了部分车身底架而起到一部分车架的作用，故车身也可以分担一部分弯曲和扭转载荷，例如发动机和悬架都安装在加固的车身底架上，车身与底架成为一体共同承受载荷。

3. 承载式客车车身

承载式车身就是无独立车架的整体车身结构形式，其结构构特点是底盘不是传统的冲压成形铆接车架式结构，而是由矩形钢管构成的格栅式结构。底架、前围、后围、左右侧围、车顶 6 大片组成全承载式车身。车身采用封闭环结构，由于没有车架，故可降低地板和整车高度。载荷由整个车身承受，车身上下部结构形成一整体，在承受载荷时，整个车身壳体可以达到稳定平衡状态。在具有较大的抗扭刚度的格栅式结构的底架上，配置发动机、前后桥等总成，可以保证各总成正确的相对位置关系。承载式车身除了其固有的承载功能外，还要直接承受各种负荷。

三、汽车车身生产工艺流程

无骨架车身生产工艺流程如下：

有骨架车身生产工艺流程如下：

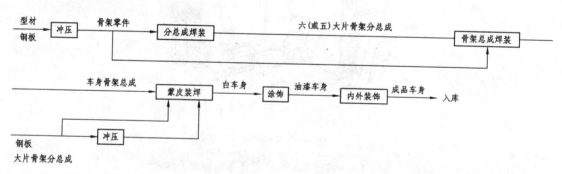

大片骨架分总成

从工艺流程图中可以看出，这类车身的制造工艺基本上分两个阶段，即先制成车身骨架，再在骨架上蒙上蒙皮。相对无骨架车身来说，由于有骨架支撑，蒙皮的形状较简单，要求也较低。再加上中、大型客车的产量不很大，所以工艺水平也较低。

汽车车身的制造虽然主要程序大致相同，但由于生产纲领不同，生产方式也不相同，使用的设备及工艺装备不同，生产过程的机械化自动化程度也不同，因此其工艺特征有很大区别。

在单件少量生产中，车身覆盖件的成形大都以钣金为主，配以少量的胎具和工具。只有少数对外观质量影响较大的覆盖件才用模具成形；车身的总装也使用简单的夹具和样架结合找正来定位的，其焊接虽然部分已采用点焊，但还大量使用了二氧化碳气体保护焊和气焊，甚至手工电弧焊。为获得平整的车身表面，往往刮腻子、抽样打磨数次，涂饰则常用手工喷涂和自然干燥。

在小批量生产中，主要覆盖件往往采用简易模具（钢板拼焊模、铸造模或低熔点合金模等）在液压式压力机上成形，至于切边、翻边或冲孔等工序还需手工配合一些机具来完成。装配一般在固定式装配台上进行，使用较简易的夹具来确定零件的相互位置，互换性差。焊接主要是点焊和二氧化碳气体保护焊，虽有简易喷漆室和烘干室，但操作仍多为手工，工序间的运输主要靠行车或地面轻便小车来完成。

中批和大批量生产基本上属于流水线形式。覆盖件在冲压线上全模具形成，然后被送到有快速定位夹紧的同定式或随行式夹具的装配线上，按工位完成合件、分总成和车身总装。焊接则大量采用悬挂式点焊机配以专用焊钳和焊枪，有的还有少量多点焊机。车身的表面处理则在脱脂、磷化、电泳底漆、喷漆室和烘干室等先进的设施的涂饰生产线上完成。工序间的运输也因使用滑道、输送带和悬链等实现了机构化或半自动化。

大量生产的机械化、自动化程度更高。车身覆盖件的冲压大都在半自动或自动冲压生产线上完成。装焊和涂饰分别在实现了自动控制的专用生产线上进行。这些自动线大量装备了机器人和电子计算机等现代高科技产品。

不管采用哪一种生产方式，与一般机械产品相比，车身生产具有较明显的特点：

（1）冲压件质量要求高，制造难度大。汽车车身特别是轿车车身，除了它的使用价值外，还要体现其设计的艺术价值。所以它的覆盖件多为曲面，形状复杂、尺寸大，表面质量要求特别高，表面必须光顺，不允许有任何皱裂和拉痕等缺陷。这给覆盖件成形的关键工序——拉深工序——提出了很高的要求。而能否达到这些要求，关键在于拉深模，所以冲模是车身制造技术的难点和关键所在。

（2）车身的表面处理要求高。由于汽车行驶在野外和各种路况和气候中，故要求车身表面有很好的抗蚀性和涂膜耐候性。再加之汽车车身本身还要体现一定的艺术效果，所以对车身表面的漆前处理和涂饰工艺要求很高。往往需要很复杂的设备和先进的技术才能实现。

（3）车身制造投资大、周期长。由于汽车生产是大量生产，必须达到一定的经济规模才能产生较好的经济效益。为实现优质高产的目标，车身制造需要大吨位压力机和大型冲模以及先进的冲压生产线、装焊线、漆前处理线及涂装线等主要生产设施及其配套工程。故所需要投资巨大，一般都需要数亿或数十亿元。同时建厂周期长，资金回收慢。

近年来，由于汽车产量的激增和科学技术的飞速发展，针对汽车车身的制造特点，各国都非常重视汽车车身制造技术的研究和改进工作，并且取得了可喜的成果。

在车身冲压方面，实现了大型覆盖件的冲压生产机械化和自动化、坯料准备（即卷料的开卷、校平、剪切和落料）等的自动化以及冲压废料处理的自动化。现在正向着 CAD/CAM（辐射设计、冲模设计、冲模制造和车身制造）一体化系统的方向发展。

在车身装焊方面，从现在大量使用悬挂式点焊钳的装焊生产线向以多点焊机为主的自动生产线过渡，并向着机器人自动化装焊生产线的方向发展，如图 1.1.5 所示。

在车身涂饰方面，一方面通过开发低污染涂料——粉基底漆及洁净面漆来降低车身生产对环境的污染；另一方面，从漆前处理和涂漆自动生产线向着通过应用机器人、传感器和微电子技术而实现整个涂饰车间自动化的方向发展。

（a）手工操作为主的焊接生产

（b）多点埠机为主的焊接生产

（c）机器人自动焊接生产

图 1.1.5 汽车车身制造生产发展过程

【任务实施】

汽车车身结构认识作业如表 1.1.1 所示。

表 1.1.1 汽车车身结构认识作业表

熟悉汽车车身结构			
任务实施过程	作业项目	作业内容	检查记录
	汽车车身结构熟悉现场准备	（1）场地准备； （2）设备准备	
	汽车车身结构认识作业	（1）轿车车身结构认识； （2）货车车身结构认识	
作业总结			

【项目测练】

1. 汽车车身有哪些类型？并简述各类型的特点。
2. 汽车车身生产有哪些工艺流程？

项目二　汽车冲压工艺

项目描述

冲压成形工艺是一种先进、高效的金属加工工艺方法，在汽车、电机、电器、仪表、化工、纺织、轻工及航空航天产品中占有相当大的比重。冲压成形工艺设计质量的优劣，不仅直接影响冲压产品的质量、成本和生产效率，而且还影响冲压生产的组织和管理。因此作为汽车车身制造的高技能人才必须具备冲压零件工艺设计，冲压模具设计、安装、调试等方面的基本知识和基本技能。本项目就是对汽车车身覆盖件的冲压工艺设计和冲压模具设计、安装、调试，学生通过本项目的学习，应掌握车身覆盖件在冲压成形过程中的变形规律，应掌握冲裁、弯曲、拉深、局部成形等冲压工序的工艺设计和模具的设计，应掌握模具的安装与调试和冲压设备选用，能运用所学知识对中等复杂程度的车身冲压件进行工艺设计和模具设计。

项目目标

➢ 掌握金属板料塑性变形规律、冲压材料的要求及选择方法。
➢ 掌握车身冲裁件的冲裁工艺及冲裁模具的尺寸和结构。
➢ 掌握车身冲压件的弯曲工艺及弯曲模具的尺寸和结构。
➢ 掌握车身冲压件的拉深工艺及拉深模具的尺寸和结构。
➢ 掌握车身冲压件的局部成形工艺及局部成形模具的尺寸和结构。
➢ 掌握汽车车身典型覆盖件冲压工艺。
➢ 掌握冲压设备的选择方法。

项目任务

➢ 任务一　车身冲压材料的选择
➢ 任务二　车身材料冲裁
➢ 任务三　弯曲工艺
➢ 任务四　拉深工艺
➢ 任务五　局部成形工艺
➢ 任务六　汽车车身典型覆盖件冲压

任务一 车身冲压材料的选择

【任务分析】

冷冲压材料与冲压生产的关系十分密切,材料的好坏不仅决定产品的性能,更直接影响到冲压工艺的过程设计,影响到冲压产品的质量、成本、使用寿命和生产组织,本任务是对金属板料在冲压过程中的形变规律进行分析,重点掌握对车身材料的鉴别及选用,以及控制形变趋势提高冲压件质量的思想方法。

【相关知识】

冲压用材料的质量是冲压工艺中一个非常重要的因素,它直接影响冲压工艺过程设计、冲压件的质量和产品的使用寿命,还关系到冲压件的成本和组织均衡生产。因此,一方面应提高冲压件的结构工艺性来改善冲压过程的变形条件,以降低对材料的质量要求;另一方面应选择具有适当冲压成形性能的材料。以适应冲压过程的变形要求,保证制件质量。

一、金属变形的力学规律

冲压成形时,外力通过模具或其他工具作用在板料上,使板料内部产生应力,由于外力的作用状况、板料的形状和模具的尺寸千差万别,因而引起板料内各点的应力与应变也各不相同,因此必须研究变形物体内各点的应力状态、应变状态以及产生塑性变形时各应力之间及应力应变之间的关系。

(一)变形物体的应力应变状态

假设在变形物体内任意点取一个六面单元体,该单元体上应力状态可敢其互相垂直表面上的应力来表示,沿坐标方向可将这些应力分解为 9 个应力分量,其中包括 3 个正应力和 6 个剪应力。应力产生应变。

实践证明,塑性变形时物体主要发生形状的改变,而体积的变化很小。

(二)塑性变形条件(屈服准则)

当物体中某点处于单向应力状态时,只要该点的应力达到材料的屈服极限,该点就进入塑性状态。对于复杂的三向(或两向)应力状态,只要该点的相当应力达到材料的屈服极限,该点就会开始屈服。这种关系就称为塑性变形条件,或称屈服准则。

二、冲压成形中的变形趋向性分析和控制

（一）冲压成形中的变形趋向性

在冲压成形过程中，坯料的各个部分在同一模具的作用下，却有可能发生不同形式的变形，即具有不同的变形趋向性。在这种情况下，判断坯料各部分是否变形和以什么方式变形，以及能否通过正确设计冲压工艺和模具等措施来保证在进行和完成预期变形的同时，排除其他一切不必要的和有害的变形等等，则是获得合格的高质量冲压件的根本保证。因此，分析研究冲压成形中的变形趋向及控制方法，对设计冲压工艺方案、确定工艺参数、设计冲压模具以及分析冲压过程中出现的某些产品质量问题等，都有非常重要的实际意义。一般情况下，总是可以把冲压过程中的坯料划分成为变形区和传力区。冲压设备施加的变形力通过模具，并进一步通过坯料传力区作用于变形区，使其发生塑性变形。

如图 2.1.1 所示，坯料的 A 区是变形区，B 区是传力区，C 区则是已变形区。由于变形区发生塑性变形所需的力是由模具通过传力区获得的，而同一坯料上的变形区和传力区都是相毗邻的，所以在变形区和传力区分界面上作用的内力性质和大小是完全相同的。在这样同一个内力的作用下，变形区和传力区都有可能产生塑性变形，但由于它们之间的尺寸关系及变形条件不同，其应力应变状态也不相同，因而它们可能产生的塑性变形方式及变形的先后是不相同的，通常，总有一个区需要的变形力比较小，并首先满足塑性条件进入塑性状态，产生塑性变形，我们把这个区称之为相对的弱区。如图 2.1.1（a）所示的拉深变形，虽然变形区 A 和传力区 B 都受到径向拉应力作用，但 A 区比 B 区还多一个切向压应力的作用，所以在外力 F 的作用下，变形区 A 最先满足塑性条什产生塑性变形，成为相对弱区。为了保证冲压过程的顺利进行，必须保证冲压工序中应该变形的部分（变形区）成为弱区，以便在把塑性变形局限于变形区的同时，排除传力区产生任何不必要的塑性变形的可能。由此可以得出一个十分重要的结论：在冲压成形过程中，需要最小变形力的区是个相对的弱区，而且弱区必先变形，因此变形区应为弱区。

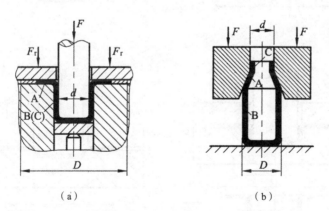

（a）　　　　　　　　　　（b）

图 2.1.1　冲压成形时坯料的变形区和传力区

"弱区必先变形，变形区应为弱区"的结论，在冲压生产中具有很重要的实用意义。很多冲压工艺的极限变形参数的确定、复杂形状件的冲压工艺过程设计等，都是以这个道理作为分析和计算依据的，在图 2.1.1（a）中的拉深变形，一般情况下 A 区是弱区而成为变形区，B

区是传力区。但当坯料外径 D 太大、凸模直径 d 太小而使得 A 区凸缘宽度太大时，由于要使 A 区产生切向压缩变形所需的径向拉力很大，这时可能出现 B 区会因拉应力过大率先发生塑性变形甚至拉裂而成弱区。因此，为了保证 A 区成为弱区，应合理确定凸模直径与坯料外经的比值 d/D（即拉深系数），使得 B 区拉应力还未达到塑性条件以前，A 区的应力先达到塑性条件而发生拉压塑性变形。

（二）控制变形趋向性的措施

1. 改变坯料各部分的相对尺寸

在实际生产当中，控制坯料变形趋向性的措施主要有以下几方面：改变坯料各部分的相对尺寸。实践证明，变形坯料各部分的相对尺寸关系，是决定变形趋向性的最重要因素，因而改变坯料的尺寸关系，是控制坯料变形趋向性的有效方法。如图 2.1.2 所示，模具对环形坯料进行冲压时，当坯料的外径 D、内径 d_0 及凸模直径 d_T 具有不同的相对关系时，就可能具有 3 种不同的变形趋向（即拉深、翻孔和胀形），从而形成 3 种形状完全不同的冲件：当 D、d_0 都较小，并满足条件 $D/d_T < 1.5 \sim 2$、$d_0/d_T < 0.15$ 时，宽度为（$D - d_T$）的环形部分产生塑性变形所需的力最小而成为弱区，因而产生外径收缩的拉深变形，得到拉深件，如图 2.1.2（b）所示。

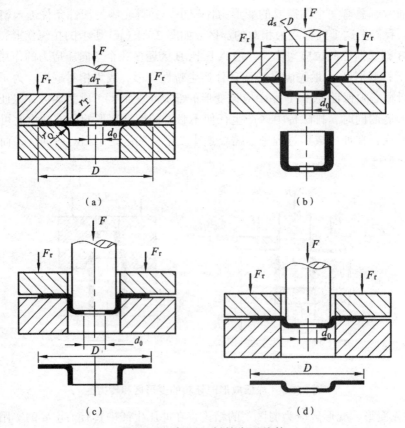

图 2.1.2　坏形坯料的变形趋势

当 D、d_0 而都较大，并满足条件 $D/d_T > 2.5$、$d_0/d_p < 0.2 \sim 0.3$ 时，宽度为（$d_T - d_0$）的

12

内环形部分产生塑性变形所需的力最小而成为弱区，因而产生内孔扩大的翻孔变形，得到翻孔件，如图 2.1.2（c）所示；当 D 较大，d_0 较小甚至为 0，并满足条件 $D/d_T > 2.5$、$d_0/d_T < 0.15$ 时，这时坯料外环的拉深变形和内环的翻孔变形阻力都很大，结果使凸、凹模圆角及附近的金属成为弱区而产生厚度变薄的胀形变形，得到胀形件，如图 21.2（d）所示。胀形时，坯料的外径和内孔尺寸都不发生变化或变化很小，成形仅靠坯料的局部变薄来实现。

2. 改变模具工作部分的几何形状和尺寸

这种方法主要是通过改变模具的凸模和凹模圆角半径来控制坯料的变形趋向。在图 2.1.2（a）中，如果增大凸模圆角径 r_T、减小凹模圆角半径 r_Q，可使翻孔变形的阻力减小，拉深变形阻力增大，所以有利于翻孔变形的实现。反之，如果增大凹模圆角半径而减小凸模圆角半径，则有利于拉深变形的实现。

3. 改变坯料与模具接触面之间的摩擦阻力

在图 2.1.2 中，若加大坯料与压料圈及坯料与凹模端面之间的摩擦力（如加大压力 F_Y 或减少润滑），则由于坯料从凹模面上流动的阻力增大，结果不利于实现拉深变形而利于实现翻孔或胀形变形。如果增大坯料与凸模表面间的摩擦力，并通过润滑等方法减小坯料与凹模和压料圈之间的摩擦力，则有利于实现拉深变形。所以正确选择润滑及润滑部位，也是控制坯料变形趋向的重要方法。

4. 改变坯料局部区域的温度

这种方法主要是通过局部加热或局部冷却来降低变形区的变形抗力或提高传力区强度，从而实现对坯料变形趋向的控制。例如，在拉深和缩口时，可采用局部加热坯料变形区的方法，使变形区软化，从而利于拉深或缩口变形。又如在不锈钢零件拉深时，可采用局部深冷传力区的方法来增大其承载能力，从而达到增大变形程度的目的。

三、车身冲压用材料

汽车车身冲压件（覆盖件）的材料除了要保证足够的强度和刚性以满足车身的使用性能外，还要求必须满足冲压工艺的要求。冲压用材料的质量是冲压工艺中一个非常重要的因素，它直接影响冲压工艺过程设计、冲压件的质量和产品的使用寿命，还关系到冲压件的成本和组织均衡生产。因此，一方面应提高冲压件的结构工艺性来改善冲压过程的变形条件，以降低对材料的质量要求；另一方面应选择具有适当冲压成形性能的材料。以适应冲压过程的变形要求，保证制件质量。

冲压件有两类：一类是形状复杂但受力不大，如汽车驾驶室覆盖件和一些机器的外壳，只要求钢板有良好的冲压性能和表面质量，多采用冷轧深冲低碳薄钢板。另一类零件形状比较复杂而且受力较大，例如汽车车架，要求钢板既有良好的冲压性能又有一定的强度，多选用冲压性能好的热轧低合金（或碳素）厚钢板。

冲压性能好的板料应是便于加工、容易得到高质量的冲压件，生产效率高（一次冲压工序的极限变形程度和总的极限变形程度大）、模具磨损小等。

（一）冲压加工对冲压件材料的要求

在冲压件的工艺分析中，除对冲压件的形状、尺寸和精度进行工艺性审查外，还应审查冲压材料是否符合冲压加工的工艺要求。冲压加工对冲压材料的要求主要包括材料性能和表面质量及厚度公差两个方面。

1. 冲压加工对材料性能的要求

（1）冲裁加工。

用于冲裁加工的材料，应具有足够的塑性和较低的硬度，这有利于提高冲裁件的断面质量和尺寸精度。软材料（如黄铜）具有良好的冲裁性能，冲裁后可获得断面光洁和倾斜角度很小的工件。硬材料（如高碳钢、低碳铜）冲裁后质量不好。对于脆性材料，在冲裁时易产生撕裂现象。塑性差的材料或厚板进行冲裁时，为了提高材料的塑性，可采取加热冲裁。

（2）弯曲加工。

用于弯曲成形的材料，要求具有足够的塑性、较低的屈服强度和较高的弹性模量。塑性高的材料，在弯曲时不易开裂。屈服点较低、弹性模量较高的材料，在弯曲后产生的回弹小，容易得到尺寸准确的弯曲形状。在金属板料中，含碳量小于 0.2%的低碳钢、黄铜和铝等塑性好的材料，容易弯曲成形；脆性较大的材料如磷青铜（QSn6.5～2.5），弹簧钢（65Mn）等，弯曲时必须具有较大的相对弯曲半径，否则在弯曲过程中易产生开裂。对于脆性很差的材料，为防止弯曲时产生裂纹，也可采用加热弯曲方法。

（3）拉深加工。

用于拉深成形的材料，要求具有高的塑性、低的屈服点和大的厚向异性系数，而硬度高的材料则难于进行拉深成形。板料的屈强比越小，冲压成形性能越好，一次拉深的极限变形程度大。厚向异性系数 $r > 1$ 时，宽度方向的变形比厚度方向的变形容易。r 值越大，在拉深过程中越不容易产生变薄和发生破裂，拉深成形性能越好。在金属材料中，含碳量小于 0.15%的低碳钢、软黄铜（含铜量 68%～72%）、纯铝及铝合金、奥氏体不锈钢材料，具有较好的拉深性能。

2. 冲压加工对材料表面质量和厚度公差的要求

具体要求请阅读本任务"板料的尺寸精度和表面质量对冲压性能的影响"部分。

（二）板料的质量对冲压性能的影响

影响板料的冲压性能的质量指标主要是材料的力学性能，此外还有化学成分、金相组织和板料的表面质量和尺寸精度。

1. 力学性能指标及其对冲压性能的影响

（1）屈服极限 σ_s。

屈服极限 σ_s 小，材料容易屈服，则变形抗力小，产生相同变形所需的变形力就小。并且屈服极限小，当压缩变形时，因易于变形而不易起皱。对弯曲变形而言，则变形后回弹小，即贴模性和定形性好。

（2）屈强比 σ_s/σ_b。

屈强比对板料冲压成形性能有较大的影响。屈强比小，即容易产生塑性变形而不易破裂，也就是说，从开始产生屈服至拉裂有较大的变形区间。尤其是对压缩类变形中的拉深变形而言，屈强比具有重大影响。当变形抗力小而强度高时，变形区的材料易于变形而不易起皱，而传力区的材料有较高强度而不易拉裂，有利于提高拉深变形的极限变形程度. 如凸缘（法兰）加热拉深，利用凸缘和零件筒底的温差使屈强比大大下降，结果可以很大的提高拉深变形深度。

（3）延伸率。

拉伸试验中，试样拉断时的延伸率称总延伸率，简称延伸率。而试样开始产生局部集中变形（颈缩）时的延伸率称均匀延伸率 δ_u。δ_u 表示板料产生均匀的或稳定的塑性变形能力。

一般情况下，板料的成形都是在板料的均匀变形范围内进行的，即板料的拉应力大于或等于屈服极限而小于或等于强度极限。因此，δ_u 对于冲压成形性能有更直接、实际的意义。δ_u 值越高，板料的冲压成形性能越好。复杂曲面的车身覆盖拉延件要求板料具有较高的均匀延伸率 δ_u。

（4）硬化指数（应变刚指数）n。

常用金属材料在常温下的塑性变形过程中会出现硬化效应，使材料机械性能的强度指标随变形程度的加大而增加，同时塑性指标（延伸率和断面收缩率）下降。

单向拉伸试验的硬化曲线可用 $\sigma=C\varepsilon^n$ 表示，式中 n 表示材料的应变硬化指数。硬化指数 n，又称为 n 值，亦称应变刚指数。它表示在塑性变形中材料的硬化程度。在伸长类变形中。n 值大的材料，由于加工硬化严重，变形抗力增长大，从而使变形趋于均匀，变薄减小，厚度变化均匀，表面质量好，极限变形程度增大，零件不易产生裂纹，所以，n 值大的材料，冲压戒形性能好。在具有复杂曲面的车身覆盖件的深拉深工序中，当板料毛坯中间部分的胀形成分较大时，n 值对冲压性能的这种影响尤为显著。

材料的硬化对冲压性能也有不利的影响。硬化的结果使需要的变形力增大，还限制毛坯的进一步变形。例如孔边缘部分材料硬化后在翻边时引起开裂，所以，有时需要在后续工序之前增加中间退火以消除硬化。

（5）厚向异性系数。

由于钢板结晶和板材轧制时出现纤维组织等因素，板料的塑性会因方向不同而出现差异，这种现象称板料的各向异性。各向异性包括厚度方向各向异性和板平面各向异性。而厚度方向的各向异性用厚向异性系数表示。厚向异性系数是指单向拉伸试样宽度应变和厚度应变的比值。

$$r=\frac{\varepsilon_b}{\varepsilon_t}=\frac{\ln(b/b_0)}{\ln(t/t_0)}$$

式中　r——厚向异性系数；

　　　ε_b——试样宽度应变；

　　　ε_t——试样厚度应变；

　　　b_0、b——试样变形前、后的宽度；

　　　t_0、t——试样变形前、后的厚度；

根据各向异性板料的塑性理论可知：板料成形时，板料变形不仅与板料所处的应力状态有关，而且与厚向异性系数 r 有关。r 值越大，板材抵抗变薄的能力越强。

厚向异性系数可以说明在同样受力条件下板料厚度的变形能力。$r>1$ 时，板料宽度方向比厚度方向容易产生变形，即板料不易变薄或增厚。在拉深变形中，加大 r 值，毛坯切向易于收缩而不易起皱，有利于提高变形程度和保证产品质量。同样，材料 r 值大，板料受拉时，厚度不易变薄，因而也不易产生拉裂现象。

（6）板平面各向异性系数 Δr。

板材经轧制后，在板平面也出现各向异性，因此，沿不同的方向，其机械物理性能均不同，冲压成形性能就受到影响，尤其在沿轧制 45° 方向与轧制方向形成明显的差异。例如由于板平面各向异性，使拉深零件口部不齐，出现"突耳"，方向性越明显，则"突耳"的高度越大。板平面各向异性系数 Δr 可用厚向异性系数 r 在 n 个方向上的平均差值来表示。

由于板平面各向异性系数会增加冲压成形工序的材料消耗等，影响冲压件质量，生产中应尽量降低 Δr 值。

2. 化学成分和金相组织对冲压性能的影响。

材料的化学成分与冲压性能有密切关系。一般来说，钢中的碳、硅、磷、硫的含量增加，都会使材料的塑性降低，脆性增加，导致冲压性能变差，其中含碳量对材料的塑性影响最大。含碳量不超过 0.05%～0.15% 的低碳钢板具有良好的塑性，车身覆盖件多采用这种塑性较好的低碳优质钢板。含硅量在 0.37% 以下的钢，硅对塑性影响不大，但超过这一数值。即使含碳量很低也会使钢板变得又硬又脆。硫在钢中与锰或钢相结合后，以硫化物的形态出现。严重影响钢板的热轧性能，促使条状组织产生，也使塑性降低。

钢板金相组织的晶粒大小也直接影响冲压性能。晶粒大小不均最易引起裂纹。粗大的晶粒在冲压成形时；会在制件表面留下粗糙的"桔皮"，影响制件表面质量。过小的晶粒会使钢板的塑性降低。由于在变形中的硬化作用，更会使材料的硬度、强度增加，容易造成冲压件开裂、回弹、扭曲或起皱等。

3. 板料的尺寸精度和表面质量对冲压性能的影响

板料的尺寸精度对冲压性能影响最大的是板料的厚度公差。板厚公差的大小是钢板轧制精度的主要指标。一定的冲压模具凸、凹模间隙适应于一定的毛坯厚度。厚度超差则影响产品质量，板料过薄则回弹难以控制，或出现"压不实"现象；板料过厚会拉伤制件表面，缩短模具寿命，甚至损坏模具或设备。特别是在同一张钢板上厚度不均，偏差过大，不利因素就更难消除。

板料的表面质量也是影响冲压性的因素之一。一般对板料的表面状况有如下要求：

（1）表面光洁。表面不应有气泡、缩孔、划痕、麻点、裂纹、结疤、分层等缺陷。否则，在冲压成形过程中，缺陷部位可能因应力集中而引起破裂。

（2）表面平整。如果板料表面翘曲不平，在剪切或冲压时容易因定位不稳而出现废品；在冲裁过程中会因板料变形展开而损坏模具；在拉深时可能使压料不均匀而影响材料的流向而引起开裂或起皱。

（3）表面无锈。如果板料表面有锈，不仅对冲压不利，损伤模具，而且还影响后续的焊装、涂装工序的正常进行及质量。

（三）冲压用钢板的类型

1. 按钢的品质分类

按钢的品质分，常用的冲压用钢板有普通碳素钢、优质碳素结构钢以及汽车专用的具有较高冲压性能的低合金高强度钢板。

汽车冲压中应用较多的优质碳素结构钢板的牌号是：

沸腾钢——05F，08F，10F，15F，20F；

半镇静钢——08b；

镇静钢——08.10，15，20，30 等。

汽车专用钢板主要是 9Mn、16Mn、06Ti、10Ti 等。这类钢板主要用来制造汽车的受力零件，例如车架。

2. 按钢板的拉深级别分类

（1）厚度为 4~14 mm 的热轧钢板的拉深级别分为三级：

S——深拉深级；

P——普通拉深级；

W——冷弯成形级。

（2）厚度小于 4 mm 的热轧和冷轧薄钢板的拉深级别分为三级：

Z——最深拉深级；

S——深拉深级；

P——普通拉深级。

（3）厚度小于 2 mm 的深冲压用冷轧薄钢板和钢带一般用于冲压汽车车身的复杂覆盖件，其拉深级别分为三级：

ZF——冲制拉深最复杂的零件；

HF——冲制拉深很复杂的零件；

F——冲制拉深复杂的零件。

上述三类钢板的拉深级别从高到低的排列顺序为：ZF→HF→F→Z→S→P→W。

3. 按钢板的表面质量分类

钢板的表面质量分为四组：

Ⅰ——特别高级的精整表面；

Ⅱ——高级的精整表面；

Ⅲ——较高级的精整表面；

Ⅳ——普通的精整表面。

4. 按钢板轧制尺寸精度（厚度公差）分类

钢板的尺寸精度或厚度公差为：

A——高级精度；

B——较高级精度；

C——一般精度。

深冲压用冷轧薄钢板分 A、B 两级；优质钢板分 A、B、C 三级；普通钢板分为 B、C 两级。

钢板的分类除上述几点外，按制造方法还可分为热轧钢板和冷轧钢板；按轧材的形态可分为钢板、钢带（卷钢）和扁钢。

钢板标注示例：

$$\frac{B-1.0-GB708-88}{08F-II-Z-GB710-88}$$

（四）钢板的模拟冲压成形性能试验

利用单向拉伸试验获得的材料机械性能参数在相当大的程度上定性地反映钢板的冲压性能，但不能很确切地反映钢板在各种冲压成形方法中的冲压性能，因此，冲压生产中广泛采用冲压成形性能的模拟试验。模拟试验方法的特点是突出实际冲压工序中某一方面或几个方面的变形特点，加以模拟，作为鉴定材料某种冲压性能的指标。

常用的模拟试验方法有：

（1）胀形成形性能试验（杯突试验）；

（2）扩孔成形性能试验；

（3）拉深成形性能试验；

（4）弯曲成形性能试验：

（5）拉深-胀形复合成形性能试验。

下面仅介绍其中的两种试验方法。

1. 冷弯试验

将试样在万能材料试验机上作 180°冷弯，如图 2.1.3 所示。在达到规定的弯心直径 D 后，若试验没有裂纹、分层等即可认为冷弯合格。

2. 胀形试验

胀形试验又称顶压试验或杯突试验。试验时，用一规定的球状凸模（或钢球）向夹紧在规定的凹模内的试样施加压力，如图 2.1.4 所示，一直到试样开始出现裂纹为止。这时的凸模压入深度就是杯突深度。杯突深度越大，表明冲压性能越好。杯突试验结果反映钢板在胀形类成形中的冲压性能。

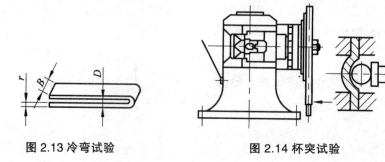

图 2.13 冷弯试验　　　　　　图 2.14 杯突试验

【任务实施】

金属板料冲压成形性能的感性认识作业如表 2.1.2 所示。

表 2.1.2 金属板料冲压成形性能的感性认识

（1）学习冷弯试验的操作方法； （2）比较不同金属板料的成形性能			
冷弯试验的注意事项	（1）选择相同厚度不同材质，相同材质不同厚度的试样 4～6 件； （2）观查试样的表面质量，看是否有毛刺、生锈、裂纹等缺陷； （3）查资料确定弯心直径； （4）分别进行冷弯试验； （5）观查试样的外弧面和角部有无裂纹、开裂、起皮、分层等缺陷，分析其原因		
任务实施过程	作业内容	作业要领	检查记录
	试验之前试样的准备、试验机的熟悉。	试样的材质、试样的厚度、试样的表面质量等	
	冷弯试验	观查试样的外弧面和角部有无裂纹、开裂、起皮、分层等缺陷	
	试验结论	钢板的成形性能跟哪些因素有关系	

【项目测练】

1. 什么是冲压加工？冲压加工与其他加工方法相比有何特点？
2. 冲压工序分为哪两大类？从每一大类中各列举两个主要工序，并说明其变形特点。
3. 冲压用板料的力学性能与成形性能之间有什么关系？
4. 查阅资料，简述冲压模具技术的现状和发展趋势。

任务二 车身材料冲裁

【任务分析】

利用冲模使部分材料或工序件与另一部分材料工序件或废料分离的一种冲压工序称为冲裁，本任务是对冲裁模具试冲及模具间隙进行调整，重点要掌握冲裁模具的间隙对冲裁件质量的影响，冲裁模具工作部分尺寸设计。

【相关知识】

冲裁是利用冲裁模在压力机上使板料的部分与另一部分分离的冲压分离工序。从广义上说，冲裁是冲压分离工序的总称，它包括冲孔、落料、修边、切口等多种冲压分离工序，即可以直接冲制出成品零件，如垫圈等，也可为其他成形工序如弯曲、拉深等成形工序准备坯料或在成形的零件如拉深件、弯曲件等进行修边、切口和冲孔等工作。从狭义上说，冲裁主要是指落料和冲孔工序。从板料上冲下所需形状的零件或毛坯叫落料，如图 2.2.1（a）所示；在工件上冲出所需形状的孔（冲去的为废料）叫冲孔，如图 2.2.1（b）所示。

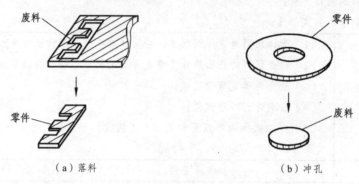

图 2.2.1　落料与冲孔

一、冲裁的变形过程

普通冲裁过程如图 2.2.2 所示，当冲裁间隙正常时，板料的冲裁变形过程可以分为以下 3 个阶段，即弹性变形阶段、塑性变形阶段、断裂阶段。

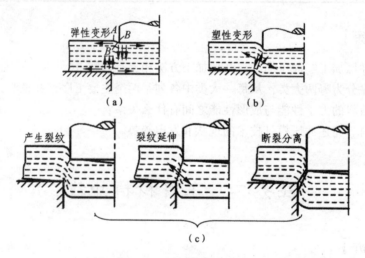

图 2.2.2　冲裁变形过程

（一）弹性变阶段

如图 2.2.2（a）所示，当凸模开始接触板料并下压时，变形区内产生弹性压缩、拉伸与弯曲等变形，这时凸模和凹模刃口分别略微挤入板料中。当凸模切入深度达到一定程度时，板料内应力达到弹性极限（此时 $\sigma < \sigma_s$ ）。

现象：凸模下面的板料略有弯曲，凹模上面的板料开始上翘，若卸去凸模压力，板料能够恢复原状，不产生永久变形。（只到弹性变形的极限，无塑性变形）。

（二）塑性变形阶段

如图 2.2.2（b）所示，凸模继续下压，板料的内应力达到屈服极限，板料在与凸、凹模刃口接触处产生塑性变形，此时凸模切入板料，板料挤入凹模，产生塑性剪切变形，形成光亮的剪切断面。随着塑性变形加大，变形区的材料硬化加剧，冲裁变形力不断增大，当刃口附近的材料由于拉应力的作用出现微裂纹时，标志着塑性变形阶段结束（此时 $\sigma \geqslant \sigma_s$）。

现象：凸模和凹模都切入板料，形成光亮的剪切断面。（发生塑性剪切变形，形成光亮带，但没有产生分离，没有裂纹，板料还是一个整体）。

（三）断裂阶段

如图 2.2.2（c）所示，凸模继续下压，当板料的内应力达到强度极限（$\sigma > \sigma_s$）时，在凸模、凹模的刃口接触处，板料产生微小裂纹。

现象：应力作用下，裂纹不断扩展，当上、下裂纹汇合时，板料发生分离；凸模继续下压，将已分离的材料从板料中推出，完成冲裁过程。

由此看来，冲裁件的断面具有明显的区域性特征，在断面上明显地区分为圆角带、光亮带、断裂带和毛刺 4 个部分。图 2.2.3 所示为冲孔件和落料件断面的 4 个区域。

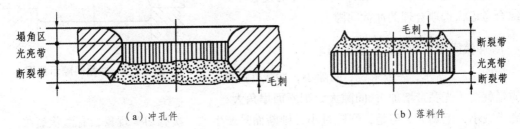

图 2.2.3　冲裁件断面

1. 塌角带（圆角区）

塌角带是板料在弹性变形时，刃口附近的板料被牵连，产生弯曲和拉深变形而形成的。它在弹性变形时产生，塑性变形时定形。软材料比硬材料的圆角带大。

2. 光亮带

光亮带是板料在塑性剪切变形时，凸、凹模刃口侧压力将毛料压平而形成的光亮垂直的断面，通常光亮带在整个断面上所占的比例小于 1/3，是断面质量最好的区域。板料的塑性越好，冲裁间隙越大，光亮带的宽度就越宽。

3. 断裂带

断裂带是由刃口处的微裂纹在拉应力作用下不断扩展而形成的撕裂面，在断裂阶段产生的。断裂带是断面质量较差的区域，表面粗糙且有斜度。塑性越差，冲裁间隙越大，断裂带越宽且斜度越大。

4. 毛 刺

毛刺又称环状毛刺，是因为微裂纹产生的位置不是正对刃口，而是在刃口附近的侧面上，加之凸、凹模之间的间隙及刃口不锋利等因素，使金属拉断成毛刺而残留在冲裁件上。普通冲裁件的断面毛刺难以避免。凸模刃口磨钝后，在落料件边缘产生较大毛刺；凹模刃口磨钝后，在冲孔件边缘会产生较大毛刺；间隙不均匀，会使冲裁件产生局部毛刺。

圆角带、光亮带、断裂带、毛刺 4 个部分在整个断面上所占比例不是固定的，随着材料的机械性能、凸模和凹模之间的间隙、模具结构等不同而变化。

二、冲裁间隙

（一）冲裁间隙的定义

冲裁间隙是指冲裁模具中凸、凹模刃口部分的尺寸之差，如图 2.2.4 所示，一般用 Z 表示。

（二）冲裁间隙对冲裁过程的影响

冲裁间隙是冲裁模设计的一个重要参数，它对冲裁过程的影响是多方面的，在冲裁模设计的过程中必须综合考虑，选取合理的冲裁间隙。

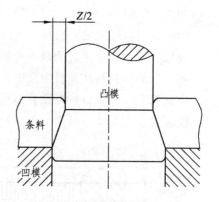

图 2.2.4　冲裁间隙示意图

1. 冲裁间隙对冲裁件质量的影响

如图 2.2.5 所示，一般来说，间隙小，冲裁件的断面质量就高（光亮带增加）；间隙大，则断面塌角大，光亮带减小，毛刺大。但是，间隙过小，则断面易产生"二次剪切"现象，有潜伏裂纹。

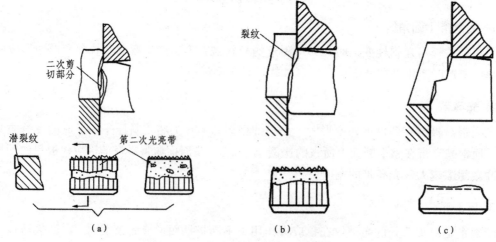

图 2.2.5　冲裁间隙对冲裁件质量的影响

2. 冲裁间隙对冲裁力的影响

间隙小，所需的冲裁力大（材料不容易分离）；间隙大，材料容易分离，所需的冲裁力就小。

3. 冲裁间隙对冲裁模具寿命的影响

间隙大，有利于减小模具磨损，避免凹模刃口胀裂，可以提高冲裁模具的寿命。

（三）合理冲裁间隙的确定

根据对冲裁过程的分析，冲裁间隙过大、过小都不合理，只有选取适中的冲裁间隙，才能进行正常的冲裁生产。同时考虑到冲裁模具的磨损，在冲裁生产过程中，凸模磨损后尺寸减小，凹模磨损后尺寸增大，这样冲裁间隙就随着冲裁模具的磨损而增大。

为保证冲裁模有一定的使用寿命，设计时的初始间隙就必须选用适中间隙范围内的最小冲裁间隙 Z_{min}。合理最小冲裁间隙的确定通常有以下两种方法。

1. 经验确定法

可按下列经验公式来计算最小合理冲裁间隙值。

$$Z_{min} = ct \tag{2.2.1}$$

式中　Z_{min}——最小冲裁间隙，mm；

　　　c——系数（当 $t < 3$ mm 时，$c = 6\% \sim 12\%$；当 $t > 3$ mm 时，$c = 15\% \sim 25\%$。材料软时，取小值；材料硬时，取大值。目的是为了减小冲裁力）；

　　　t——板料厚度，mm。

2. 查表法

表 2.2.1 所提供的经验数据为落料、冲孔模具的初始值，可用于一般条件下的冲裁。表中初始间隙的最小值 Z_{min} 为最小合理间隙值，而初始间隙的最大值 Z_{max} 是考虑到凸模和凹模的制造误差，在 Z_{min} 的基础上增加一个数值。在使用过程中，由于模具零件工作部分的磨损，间隙将会有所增加，因而使间隙的最大值（最大合理间隙）可能超过表中所列数值。

表 2.2.1　冲裁模刃口初始值间隙（mm）

间隙 / 材料名称 / 板料厚度		08、10、35、09Mn、Q235、Q295		Q345（16Mn）		40 钢、50 钢		65Mn	
		Z_{min}	Z_{max}	Z_{min}	Z_{max}	Z_{min}	Z_{max}	Z_{min}	Z_{max}
小于 0.5		极小间隙							
0.5		0.040	0.060	0.040	0.060	0.040	0.060	0.040	0.060
0.6		0.048	0.072	0.048	0.072	0.048	0.072	0.048	0.072
0.7		0.064	0.092	0.064	0.092	0.064	0.092	0.064	0.092
0.8		0.072	0.104	0.072	0.104	0.072	0.104	0.072	0.104
0.9		0.090	0.126	0.090	0.126	0.090	0.126	0.090	0.126
1.0		0.100	0.140	0.100	0.140	0.100	0.140	0.090	0.0126

间隙 材料名称 板料厚度	08、10、35、09Mn、Q235、Q295		Q345（16Mn）		40钢、50钢		65Mn	
	Z_{min}	Z_{max}	Z_{min}	Z_{max}	Z_{min}	Z_{max}	Z_{min}	Z_{max}
1.2	0.126	0.180	0.132	0.180	0.132	0.18		
1.5	0.132	0.24	0.170	0.240	0.170	0.230		
1.75	0.220	0.320	0.220	0.320	0.220	0.320		
2.0	0.246	0.360	0.260	0.380	0.260	0.380		
2.1	0.260	0.380	0.280	0.400	0.280	0.400		
2.5	0.360	0.500	0.380	0.540	0.380	0.540		
2.75	0.400	0560	0.420	0.600	0.420	0.600		
3.0	0.460	0.640	0.480	0.660	0.480	0.660		
3.5	0.540	0.740	0.580	0.780	0.580	0.780		
4.0	0.640	0.880	0.680	0.920	0.680	0.920		
4.5	0.720	1.000	0.680	0.960	0.780	1.040		
5.5	0.940	1.280	0.780	1.100	0.980	1.320		
6.0	1.080	1.400	0.840	1.200	1.140	1.500		
6.5			0.940	1.300				
8.0			1.200	1.680				

注：冲裁皮革、石棉和纸板时，取08钢的25%

三、冲裁模模具刃口尺寸的确定

冲裁时，冲裁件的尺寸精度是靠冲裁模具保证的，而模具尺寸主要是在于凸、凹模刃口部分的尺寸，通过凸、凹模刃口部分的尺寸来保证模具合理的冲裁间隙。

（一）凸、凹模刃口尺寸的计算原则

由于冲裁时凸、凹模之间存在间隙，所以所落的料和冲出的孔的断面都是带有锥度的。落料时工件的大端尺寸近似等于凹模的刃口尺寸；冲孔时，工件的小端尺寸近似等于凸模的刃口尺寸。因此，在计算刃口尺寸时，应按落料、冲孔两种情况分别进行，同时，要考虑磨损后的尺寸变化情况。进行凸、凹模刃口尺寸计算时应考虑以下3个方面的问题。

1. 基准问题

落料时，工件的大端尺寸近似等于凹模的刃口尺寸，所以落料工序应以凹模为基准件，先确定凹模尺寸，凸模尺寸按凹模尺寸减去最小冲裁间隙来确定。冲孔时，工件的小端尺寸近似等于凸模的刃口尺寸，所以冲孔工序应以凸模为基准件，先确定凸模尺寸，凹模尺寸按凸模尺寸加上最小冲裁间隙来确定。

2. 磨损问题

磨损遵照"实体减小"的原则。磨损后，凸模尺寸减小，凹模尺寸增大，因此就会出现"料越落越大"、"孔越冲越小"的现象。为了保证冲裁模有一定的寿命，分两种情况讨论：

（1）落料时，为了保证凹模磨损后（尺寸变大）仍能冲出合格零件，凹模刃口尺寸应取制件公差允许范围内的最小值。

（2）冲孔时，为了保证凸模磨损后（尺寸变小）仍能冲出合格零件，凸模刃口尺寸应取制件公差允许范围内的最大值。

3. 合适的制造公差

凸、凹模刃口的制造精度应比冲裁件的精度要求高 2~3 级，一般圆形件可按 IT6~IT7 级，其他按表 2.2.2 选取。为了使新模具间隙不小于最小合理间隙（Z_{min}），一般凹模上偏差标成 $+\delta_d$，下偏差为 0；凸模下偏差标成 $-\delta_p$，上偏差为 0。也可以按制件公差的 1/4 来考虑（即 $\Delta/4$）。

表 2.2.2　模具制造精度与冲裁件精度的关系

冲模制造精度	材料厚度 t/mm								
	0.5	0.8	1.0	1.5	2	3	4	5	6~12
IT6~IT7	IT8	IT8	IT9	IT10	IT10				
IT7~IT8		IT9	IT10	IT10	IT12	IT12	IT12		
IT9				IT12	IT12	IT12	IT12	IT14	

（二）凸、凹横刃口尺寸的计算

在模具制造中，凸、凹模的加工方法有两种，一种是按互换性原则组织生产（分别制造法）。一种是按配合加工原则组织生产（配合加工法）。那么刃口尺寸的计算方法对应也分两种。

1. 互换加工法中凸、凹模刃口尺寸的计算

根据计算原则，冲孔时以凸模为设计基准，设冲裁件孔的直径为 $d_0^{+\Delta}$，首先确定凸模尺寸，使凸模的尺寸接近或等于制件的最小极限尺寸，再加上以下尺寸：

凸模：

$$d_p = (d + x\Delta)_{-\delta_p}^0 \tag{2.2.2}$$

凹模：

$$d_d = (d + x\Delta + Z_{min})_0^{+\delta_d} \tag{2.2.3}$$

落料时（设落料件的尺寸为 $D_{-\Delta}^0$）：

凹模：

$$D_d = (D - x\Delta)_0^{+\delta_d} \tag{2.2.4}$$

凸模：

$$D_{\mathrm{p}} = (D - x\Delta - Z_{\min})_{-\delta_{\mathrm{p}}}^{0}$$ （2.2.5）

式中　D、d ——落料、冲孔工件的基本尺寸，mm；

　　　D_{d}、D_{p} ——落料凹模、凸模的刃口尺寸，mm；

　　　D_{p}、d_{d} ——冲孔凸模、凹模的刃口尺寸，mm；

　　　Δ ——工件公差，mm；

　　　δ_{p}、δ_{d} ——凸模、凹模的制造公差，mm；

　　　x ——磨损系数，见表 2.2.3

表 2.2.3　磨损系数

材料厚度 t/mm	非圆形工件 x 值			圆形工件 x 值	
	1	0.75	0.5	0.75	0.5
	工件公差 Δ/mm				
≤1	< 0.16	0.17 ~ 0.35	≥0.36	<0.16	≥0.16
1 ~ 2	<0.20	0.21 ~ 0.41	≥0.42	<0.20	≥0.20
2 ~ 4	<0.24	0.25 ~ 0.49	≥0.50	<0.24	≥0.24
>4	<0.30	0.31 ~ 0.59	≥0.60	<0.30	≥0.30

采用互换加工法进行刃口尺寸计算时，应注意以下 3 点。

（1）考虑到工件的形状、厚度不一样，模具的磨损情况也不一样，因此引入一磨损系数 x。

（2）为了保证冲裁间隙在合理的范围内，必须保证

$$\delta_{\mathrm{p}} + \delta_{\mathrm{d}} \leqslant Z_{\max} - Z_{\min}$$ （2.2.6）

否则，模具的初始间隙将超出 $Z_{\max}$（模具寿命降低），如图 2.2.6 所示。

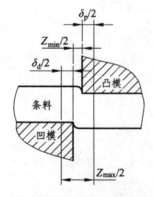

图 2.2.6　刃口制造公差与冲裁间隙关系

一般情况下，取：

$$\delta_p = 0.4(Z_{max} - Z_{min}) \qquad (2.2.7)$$

$$\delta_d = 0.6(Z_{max} - Z_{min}) \qquad (2.2.8)$$

（3）这种计算方法适合于圆形和形状规则的零件，当模具的形状复杂、工件复杂时不能用此方法，应采用下面要讲的配合加工法。

2. 配制加工法中凸、凹模刃口尺寸的计算

对于形状复杂、薄料、模具复杂的冲裁件，为保证凸、凹模之间的合理间隙，必须使用配合加工法。一般企业大多采用配合加工法。根据计算原则，应先确定基准件。落料时以凹模为基准件，冲孔时以凸模为基准件，配套件按基准件的实际尺寸配制，保证最小冲裁间隙 Z_{min}。

四、冲裁力和冲模压力中心的确定

冲裁工序力包括冲裁力、卸料力、推件力、顶件力等，其中，最主要的是冲裁力的确定。

（一）冲裁力 F_c 的计算

冲裁力是指冲裁时所需要的压力，即在凸模和凹模的作用下，使板料在厚度方向分离的剪切力。它与板料的剪切面积有关，一般用 F_c 来表示。冲裁刃口分为平刃和斜刃两种情况，这里只介绍常用的平刃冲裁。平刃冲裁时，冲裁力 F_c 可按下式计算：

$$F_c = KA\tau = KLt\tau \qquad (2.2.9)$$

为了简化计算，也可用材料的抗拉强度 σ_b 按下式进行估算：

$$F_c = Lt\sigma_b \qquad (2.2.10)$$

式中　F_c——冲裁力，N；

　　　K ——系数，常取 $K = 1.3$；

　　　A ——冲裁断面面积，mm；

　　　τ ——材料的抗剪强度，MPa；

　　　L ——冲裁断面的周长，mm；

　　　t ——材料厚度（即冲裁件的厚度），mm。

2. 卸料力 F_x，推件力 F_t，顶件力 F_d 的计算

（1）卸料力，冲裁后，从凸模上将零件或废料卸下来所需的力，称为卸料力（F_x）。冲裁后，带孔的板料紧箍在凸模上，为连续生产，需用卸料力 F_x 把带孔板料卸掉。

（2）推件力，顺冲裁方向将零件或废料从凹模型腔中推出的力，称为推件力（F_t），如图 2.2.7（b）所示

（3）顶件力，逆冲裁方向将零件或废料从凹模型腔中顶出的力，称为顶件力（F_d）。如图 2.2.7（c）所示。要想准确计算出这些力是很困难的，在生产中常用下式进行估算：

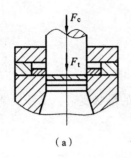 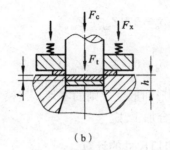 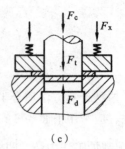

（a）　　　　　　　　　　（b）　　　　　　　　　（c）

图 2.2.7　卸料、推件示意

$$F_x = K_x F_c \qquad (2.2.11)$$

$$F_t = n K_t F_c \qquad (2.2.12)$$

$$F_d = K_d F_c \qquad (2.2.13)$$

式中　K_x、K_t、K_d ——卸料力、推件力、顶件力系数，其值可查表 2.2.4 得到；

　　　F_c——冲裁力，N；

　　　n ——同时卡在凹模内的冲落部分制件或废料的数量，$n = h/t$；

　　　h ——凹模洞口的直刃壁高度，mm；

　　　t ——板料厚度，mm。

表 2.2.4　卸料力、推件力、顶件力系数

材料厚度 t/mm		K_x	K_t	K_d
钢	≤0.1	0.065～0.075	0.1	0.14
	0.1～0.5	0.045～0.055	0.063	0.08
	05～0.25	0.04～0.05	0.055	0.06
	2.5～6.5	0.03～0.04	0.045	0.05
	>6.5	0.02～0.03	0.025	0.03
纯铝、铝合金		0.025～0.08	0.03～0.07	0.03～0.07
纯铜、黄铜		0.02～0.06	0.03～0.09	0.03～0.09

3. 冲裁工序力（F）的计算

冲裁工序力的计算应根据冲裁模具的具体结构形式分别考虑。

（1）如图 2.2.7（a）所示，当采用刚性卸料装置和下出件时，F_x 由模具来承担，所以不予考虑。则冲裁工序力为

$$F = F_c + F_t \qquad (2.2.14)$$

（2）如图 2.2.9（b）所示，当采用弹性卸料装置和下出件时，冲裁工序力为

$$F = F_c + F_x + F_t \qquad (2.2.15)$$

（3）如图 2.2.9（c）所示，当采用弹性卸料装置和上出件时，冲裁工序力为

$$F = F_c + F_x + F_d \qquad (2.2.16)$$

选择压力机时，应根据冲裁工序力 F 来确定。一般所选压力机的标称压力 $F_p \geqslant 1.2F$。

（二）冲模压力中心的确定

1. 冲裁压力中心

冲裁压力中心就是指冲裁力的合力作用点。为什么要确定冲裁模具的压力中心呢？因为在冲压生产中，为保证压力机和模具正常工作，必须使冲裁模具的压力中心和压力机滑块的中心线相重合。否则，在冲裁过程中，会使滑块、模柄及导柱承受附加弯矩，使模具与压力机滑块产生偏斜，凸、凹模之间的间隙分布不均匀，从而造成导向零件的加速磨损，模具刃口及其他零件损坏，甚至会引起压力机导轨磨损，影响压力机精度。因此，在设计模具时，必须确定模具的压力中心，并使之与模柄轴线重合，从而保证模具的压力中心与压力机的滑块中心相重合。

2. 形状简单的凸模压力中心的确定

（1）直线段，其压力中心为直线段的中心。

（2）圆弧线段，如图 2.2.8 所示，对于圆心角为 2α 的圆弧线段，其压力中心可按下式计算：

$$\begin{cases} C_0 = (57.29 / \alpha)R \cdot \sin\alpha \\ L = 2R\alpha / 57.29 \end{cases} \qquad (2.2.17)$$

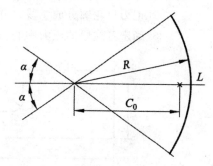

图 2.2.8 圆弧冲裁压力中心的确定

式中　C_0——圆弧线段的压力中心坐标值，mm；

　　　R——圆弧线段的半径，mm；

　　　α——圆弧线段的中心角的一半，（°）；

　　　L——圆弧线段的弧长，mm。

（3）形状对称的零件，其凸模的压力中心位于刃口轮廓的几何中心，如圆形的压力中心在圆心上，而矩形的压力中心在对称中心。

3. 形状复杂的凸模压力中心的确定

复杂形状冲裁件压力中心的求解方法有解析法、图解法、合成法等。下面讲解最常用的解析法，具体步骤如下。

（1）按比例画出冲裁件的冲裁轮廓，如图 2.2.9 所示

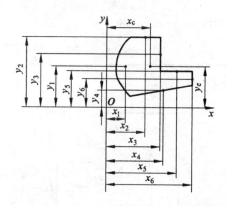

图 2.2.9 复杂形状冲裁压力中心的确定

（2）建立合适的直角坐标系 xOy（应能简化计算）。

（3）将冲裁件的冲裁轮廓分解成若干个直线段或圆弧线段 L_1，L_2，…，L_n 等基本线段。由于冲裁力 F_c 与轮廓长度 L 成正比关系（ $F_c = KLt\tau$ ），所以可以用线段的长度 L 代替冲裁力 F_c 进行压力中心计算。

（4）计算各基本线段的长度及压力中心的坐标（x_1，y_1），（x_2，y_2），…，（x_n，y_n）。

（5）根据力矩平衡原理，计算压力中心坐标（x_c，y_c）。

$$x_c = \frac{L_1x_1 + L_2x_2 + \cdots + L_nx_n}{L_1 + L_2 + \cdots + L_n} \tag{2.2.18}$$

$$y_c = \frac{L_1y_1 + L_2y_2 + \cdots + L_ny_n}{L_1 + L_2 + \cdots + L_n} \tag{2.2.19}$$

【例 2.2.1】 确定图 2.2.10（a）所示落料凸模的压力中心位置。

解：① 建立坐标系 xOy，如图 2.2.10（b）所示。

② 把刃口轮廓分成 7 段，并确定各线段长度，列入表 2.2.5。

③ 确定各线段的压力中心位置，计算其坐标值，列入表 2.2.5。

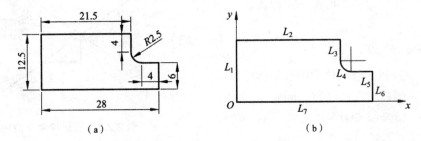

（a）　　　　　　　（b）

图 2.2.10　冲裁件压力中心例题

表 2.2.5　计算数据列表（mm）

线段长度	压力中心坐标	
	x	y
L_1=12.5	0	6.25
L_2=21.5	10.75	12.5
L_3=4	21.5	10.5
L_4=3.93	22.4	6.9
L_5=4	26	6
L_6=6	28	3
L_7=28	14	0

L_3 段和 L_4 段的计算见图 2.2.11 所示。

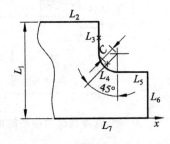

图 2.2.11　L_4 圆弧处压力中心求解

L_3 段的计算：

$$L_3 = 4$$

$$x_3 = L_2 = 21.5$$

$$y_3 = L_1 - L_3 / 2 = 12.5 - 4 / 2 = 10.5$$

L_4 段的计算：

$$L_4 = 2R\alpha / 57.29 = 2 \times 2.5 \times 45 / 57.29 = 3.93$$

$$C = (57.29 / \alpha)R\sin\alpha = (57.29 / 45) \times 2.5 \times \sin 45° = 2.25$$

$$x_4 = L_7 - L_5 - C \times \sin 45° = 28 - 4 - 2.25 \times \sin 45° = 22.4$$

$$y_4 = L_6 + R - C \times \cos 45° = 6 + 2.5 - 2.25 \times \cos 45° = 6.9$$

④ 计算凸模压力中心位置：

$$x_c = \frac{21.5 \times 10.75 + 4 \times 21.5 + \cdots + 28 \times 14}{12.5 + 21.5 + 4 + 3.93 + 4 + 6 + 28} = 13.3 \ (\text{mm})$$

$$y_c = \frac{12.5 \times 6.25 + 21.5 \times 12.5 + \cdots + 6 \times 3}{12.5 + 21.5 + 4 + 3.93 + 4 + 6 + 28} = 5.7 \ (\text{mm})$$

4. 多凸模冲裁时压力中心的确定

在连续冲裁模和复合冲裁模设计时，存在多凸模冲裁压力中心的计算，其计算方法与复杂形状凸模计算类似，这里也只介绍解析法。如图 2.2.12 所示，多凸模冲裁压力中心求解步骤如下。

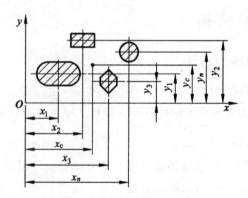

图 2.2.12　多凸模冲裁压力中心

① 选取坐标系 xOy。

② 计算确定各个凸模压力中心的坐标（x_i，y_i）。

③ 求总合力的中心坐标（x_c，y_c）：

其中，L_i——各凸模刃口的周长，$i = 1，2，3，\cdots，n$，mm。

在利用解析法计算多凸模冲裁压力中心时，要注意以下几点。

（1）多凸模的压力中心也可以在一个坐标系中分解成多个线段进行计算，但形状复杂时计算繁杂，易出错。

$$x_{c} = \frac{L_1 x_1 + L_2 x_2 + \cdots + L_n x_n}{L_1 + L_2 + \cdots + L_n} \qquad (2.2.23)$$

$$y_{c} = \frac{L_1 y_1 + L_2 y_2 + \cdots + L_n y_n}{L_1 + L_2 + \cdots + L_n} \qquad (2.2.24)$$

（2）所分解的各个凸模必须是独立的（各自有一个完整的外形轮廓）。

（3）要利用力矩平衡的原理进行简化计算。若一个凸模或者多凸模沿某一直线对称时，其压力中心必定在这条对称线上。如图 2.2.13（a）所示的多凸模，其压力中心必在对称线 x-x 上，因此只需计算压力中心的另一坐标（横向坐标）即可。如果几个凸模完全对称于 x 轴和 y 轴，则其力矩之和为零，其压力中心在坐标原点上。如图 2.2.13（b）所示，5 个圆形冲孔凸模中有 4 个完全对称于坐标系 xOy 的原点 O，因此这 4 个圆形凸模的压力中心必在原点 O 上。计算时可把 5 个圆形冲孔凸模分成两组，完全对称于坐标系 xOy 的原点 O 的 4 个凸模一组，剩下的一个单独一组。

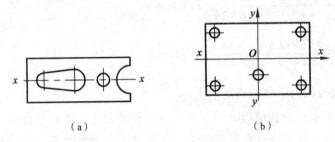

（a）　　　　　　　　　（b）

图 2.2.13　对称分布的多凸模冲裁压力中心

五、冲裁模具的结构

（一）单工序冲裁模结构设计

单工序冲裁模是指在压力机的一次行程中，只完成一道工序的冲裁模。根据模具导向装置的不同，可分为 3 类：无导向单工序冲裁模，导板式单工序冲裁模，导柱式单工序冲裁模。

1. 无导向单工序冲裁模

该类模具上、下模之间没有导向装置，完全依靠压力机的滑块和导轨导向，以保证冲裁间隙的均匀性。其优点是模具结构简单，制造容易；缺点是安装、调试麻烦，制件精度差，操作不安全。适用于精度低、形状简单、批量小的冲裁件或试制用模具。

2. 导板式单工序冲裁模

如图 2.2.14 所示，在上、下模之间，凸模和导板起导向作用。其特点为：导板兼起卸料作用，省去卸料装置；导板和凸模之间的配合间隙必须小于凸、凹模冲裁间隙；在冲裁过程中，要求凸模与导板不能脱开；模具结构简单，但导板与凸模的配合精度要求高，特别是当冲裁间隙小时，导板与凸模的配合间隙更小，导板的加工非常困难。主要适用于材料较厚，工件精度要求不太高的场合。

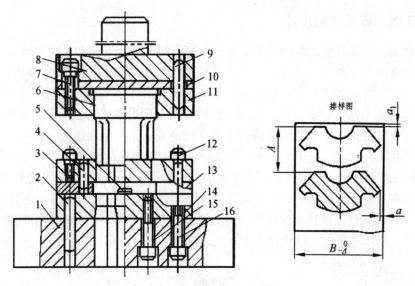

图 2.2.14 导板式单工序落料模

1—下模座；2，4，9—销；3—导板；5—挡料销；6—凸模；7，12，15，16—螺钉；

8—上模座；10—垫板；11—凸模固定板；13—导料板；14—凹模

3. 导柱式单工序冲裁模

如图 2.2.15 所示，该模具上、下模之间靠导柱、导套起导向作用。其结构特点：导向精度高，凸、凹模之间的冲裁间隙容易保证，从而能保证制件的精度；安装方便，运行可靠，但结构较为复杂一些。主要适用于制件精度高、模具寿命长等场合，适合大批量生产。大多数冲裁模都采用这种形式。

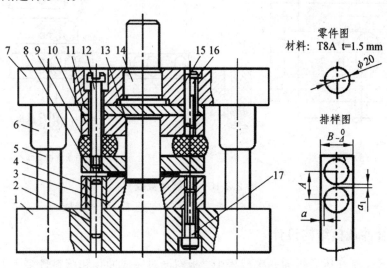

图 2.2.15 导柱式单工序冲裁模

1—下模座；2，15—销；3—凹模；4—销套；5—导柱；6—导套；7—上模座；

8—卸料板；9—橡胶；10—凸模固定板，11—垫板；12—卸料螺钉；

13—凸模；14—模柄；15，16，17—螺钉

（二）连续冲裁模结构设计

连续冲裁模又称级进模、跳步模等，可按一定的程序（排样设计时规定好）. 在压力机的一个行程中，在两个或两个以上的工位上完成两道或两道以上的冲裁工序。如图 2.2.16 所示的工件，若用单工序冲裁模冲裁，需冲孔、落料两套模具才能完成，这时可采用连续冲裁模结构。在这套模具中共有两个工位，在压力机的一个行程内完成两个工序：冲孔、落料。条料从右向左送进，在第一个工位上完成两个小孔的冲裁，条料继续送进，在第二个工位完成整个制件的冲裁工作，同时在第一个工位上又完成了两个小孔的冲裁，以此类推连续冲裁。

连续模的主要特点：工序分散，不存在最小壁厚问题（与复合冲裁模相比），模具强度高；凸模全部安装在上模，制件和废料（结构废料）均可实现向下的自然落料，易于实现自动化；结构复杂，制造较困难，模具成本较高，但生产效率高；定位多，因此制件的精度不太高。这类模具主要适用于批量大，精度要求不太高的制件。

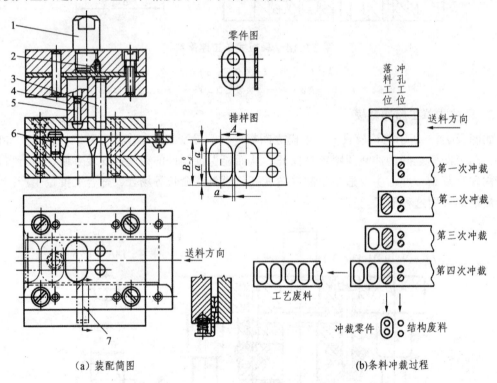

（a）装配简图　　　　　　　　　　　　（b)条料冲裁过程

图 2.2.16　连续冲裁模

1—模柄；2—止转销；3—小凸模；4—大凸模；5—导正销；6—挡料销；7—始用挡料销

（三）复合冲裁模结构设计

复合冲裁模是指在压力机的一次行程中，板料同时完成冲孔和落料等多个工序的冲裁模。该类模具结构中有一个既为落料凸模又为冲孔凹模的凸凹模，按照凸凹模位置的不同，复合模分为正装式和倒装式两种。

1. 正装式复合模

凸凹模安装在上模部分时，称之为正装式复合模，如图 2.2.17 所示。冲裁时，冲孔凸模

15 和凸凹模 2（作冲孔凹模用）完成冲孔工序；落料凹模 1 和凸凹模 2（作落料凹模用）完成落料工序。制件和冲孔废料落在下模或条料上，需人工清除，操作不安全，故很少采用。

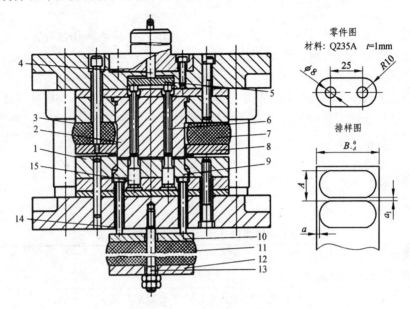

图 2.2.17　正装式复合冲裁模

1—落料凹模；2—凸凹模；3，7，8—弹性卸料装置；4—打料杆；5—推板；
6—推杆 9，10，11，12，13，14—弹顶装置；15—冲孔凸模

2. 倒装复合冲裁模

凸、凹模安装在下模部分时，称之为倒装式复合模，如图 2.2.18 所示。

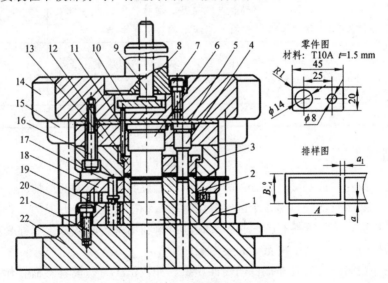

图 2.2.18　倒装式复合冲裁模

1—凸凹模固定板；2—凸凹模；3—凹模；4—凸模；5—垫板；6—凸模；7，16、21—螺钉；
8—模柄；9—打料杆；10—推板；11—连接推杆；12—推件块；13—凸模；14—上模座；
15—导套；17—活动挡料销；18—卸料板；19—弹簧；20—导柱；22—下模座

冲裁时，凸模 4 和凸凹模 2（作冲孔凹模用）完成冲孔工序；凹模 3 和 n 凹模 2（作落料凹模用）完成落料工序。冲孔废料由凸凹模孔直接漏下，制件被凸凹模顶人落料凹模内，再由推件块 12 推出。

复合模的主要特点：由于工序是在一个工位上完成的，且条料和制件都在压紧状态下完成冲裁，因此冲裁的制件平直，精度可高达 IT10 ~ IT11 级，形位误差小；该类模具结构紧凑，体积较小，生产效率高，但结构复杂，模具零件的精度要求高，成本高，制造周期长。凸凹模的内、外形之间的壁厚不能太薄（最小壁厚的数值参见相应表格），否则其强度不够会造成胀裂而损坏；适用于冲裁批量大、精度要求高的制件。一般情况下，以板料厚度不大于 3 mm 为宜，主要是保护凸凹模的强度。

【任务实施】

冲裁模具试冲、间隙调整作业如表 2.2.6 所示。

表 2.2.6　冲裁模具试冲、间隙调整作业表

（1）学习冲裁模具间隙值对冲裁件质量的影响； （2）学习冲裁模具间隙调整的方法			
冲裁模具试冲、间隙调整注意事项	（1）首先用纸板试冲，观查切口周围的断面质量； （2）再用钢板试冲，观查切口周围的断面质量； （3）将模具从压力机上拆下； （4）用透光法调整模具间隙； （5）另外一定要记住调整间隙时，螺钉不能拧得太紧		
任务实施过程	作业内容	作业要领	检查记录
	冲裁模具试冲、间隙调整工具选用	25 t 压力机、冲裁模具、活动扳手、内六角扳手、台钻、销钉、纸板、钢板、手电筒等	
	找出冲裁件断面毛刺的原因	调整后再试冲，观查冲裁件的断面质量，多次反复调整出比较均匀的冲裁间隙	
	调整结论		

【项目测练】

1. 什么是冲裁？冲裁变形过程分为哪两个阶段？说明每一段的变形情况。

2. 冲裁时，断面质量分为哪几个区？各区有什么特征？是怎样形成的？

3. 什么是排样？冲压废料有哪两种？要提高材料利用率，应从减少哪种废料着手？

4. 什么是搭边？搭边大小决定于哪些因素？

5. 什么是冲裁间隙？它对冲裁件的断面质量、冲裁工序力、模具寿命有什么影响？怎样确定模具的合理冲裁间隙？

6. 求冲裁模的压力中心位置有哪几种方法？用解析法如何求冲裁模的压力中心位置？求冲裁模压力中心位置有什么用处？

7. 冲裁模刃口尺寸计算的原则有哪些？

任务三　弯曲工艺

【任务分析】

本任务是完成图2.3.1所示U形弯曲件的工艺性分析及相关工艺计算，绘制弯曲模具简图。重点要熟悉弯曲模具工作部分尺寸的设计计算，弯曲丁艺计算，弯曲件质量分析和控制。

25
2-φ8.5
19 0 -0.5
R9
R2
16
R5
18

图 2.3.1　弯曲件

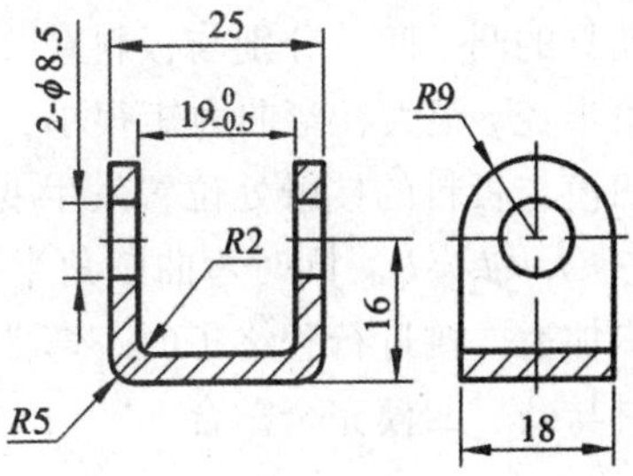

【相关知识】

弯曲是将金属板料毛坯、型材、棒材或管材等按照设计要求的曲率或角度成形为所需形状零件的冲压工序。弯曲工序在生产中应用相当普遍。零件的种类很多，如汽车的纵梁、自行车车把、各种电器零件的支架、门窗铰链等，图 2 3 2 所示为常见的弯曲零件。

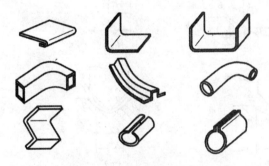

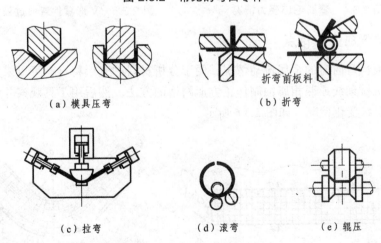

图 2.3.2　常见的弯曲零件

折弯前板料
(a) 模具压弯
(b) 折弯
(c) 拉弯
(d) 滚弯
(e) 辊压

图 2.3.3　弯曲零件的成形方法

一、弯曲变形过程分析

（一）弯曲变形过程

图 2.3.4 所示为板料在 U 形弯模与 V 形弯模中受力变形的基本情况。凸模对板料在作用点 A 处施加外力 p（U 型）或 $2p$（V）型，则在凹模的支承点 B 处引起反力 p，并形成弯曲力矩 $M = pa$，这个弯曲力矩使板料产生弯曲。图 2.3.5 是 V 型弯曲件的弯曲过程。弯曲开始时，模具的凸、凹模分别与板料在 A、B 处相接触，使板料产生弯曲。在弯曲的开始阶段，弯曲圆角半径 r 很大，弯曲力矩很小，仅引起材料的弹性弯曲变形。随着凸模进入凹模深度的增大，凹模与板料的接触处位置发生变化，支点 B 沿凹模斜面不断下移，弯曲力臂 l 逐渐减小，即 $l_n < l_3 < l_2 < l_1$。同时弯曲圆角半径 r 亦逐渐减小，即 $r_n < r_3 < r_2 < r_1$，板料的弯曲变形程度进一步加大。接近行程终了时，弯曲半径 r 继续减小，而直边部分反而向凹模方向变形，直至板料与凸、凹模完全贴合。

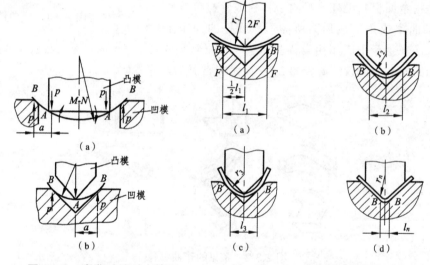

图 2.3.4　弯曲毛坯受力情况　　　　图 2.3.5　V 形零件弯曲过程

（二）板料弯曲变形特点

为了观察板料弯曲时的金属流动情况，便于分析材料的变形特点，可以采用在弯曲前的板料侧表面用机械刻线或照相腐蚀制作正方形网格的方法。然后用工具观察并测量弯曲前后网格的尺寸和形状变化情况，如图 2.3.6 所示。

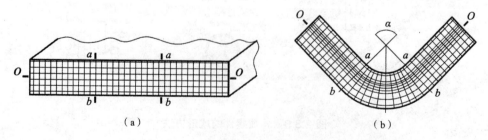

图 2.3.6　弯曲完后坐标网络的变化

弯曲前，材料侧面线条均为直线，组成大小一致的正方形小格，纵向网格线长度相等。弯曲后，通过观察网格形状的变化[见图2.3.6（b）]可以看出弯曲变形具有以下特点：

1. 弯曲圆角部分是弯曲变形的主要变形区

通过对网格的观察，弯曲圆角部分的网格发生了显著的变化，原来正方形网格变成了扇形；而在远离圆角的直边部分，则没有这种变化；在靠近圆角处的直边，有少量的变化，这说明弯曲变形区主要在圆角部分。通过不同角度的弯曲，会发现弯曲圆角半径越小，该变形区的网格变形越大。因此，弯曲变形程度可以用相对弯曲半径来表示（r/t）。

2. 弯曲变形区的应变中性层

比较变形区内弯曲前后相应位置的网格线长度可知，板料的外区（靠凹模一侧），纵向纤维受拉而伸长；内区（靠凸模一侧），纵向纤维受压缩而缩短。内、外区至板料的中心，其缩短和伸长的程度逐渐变小。由于材料的连续性，在伸长和缩短两个变形区域之间，其中必定有一层金属纤维材料的长度在弯曲前后保持不变，这一金属层称为应变中性层（图中 $O\text{-}O$ 层）。应变中性层长度的确定是今后进行弯曲件毛坯展开尺寸计算的重要依据。当弯曲变形程度很小时，应变中性层的位置基本上处于材料厚度的中心，但当弯曲变形程度较大时，可以发现应变中性层向材料内侧移动，变形量越大，内移量越大。

3. 变形区材料厚度变薄的现象

弯曲变形程度较大时，变形区外侧材料受拉伸长，使得厚度方向的材料减薄；变形区内侧材料受压，使得厚度方向的材料增厚。由于应变中性层位置的内移，外侧的减薄区域随之扩大，内侧的增厚区域逐渐缩小，外侧的减薄量大于内侧的增厚量，因此使弯曲变形区的材料厚度变薄。变形程度越大，变薄现象越严重。变薄后的厚度 $t' = \eta t$（η 是变薄系数）。

4. 变形区横断面的变形

板料的相对宽度 B/t（B 是板料的宽度，t 是板料的厚度）对弯曲变形区的材料变形有很大影响。一般将相对宽度 $B/t > 3$ 的板料称为宽板，相对宽度 $B/t \leqslant 3$ 的称为窄板。

窄板弯曲时，宽度方向的变形不受约束。由于弯曲变形区外侧材料受拉引起板料宽度方向收缩，内侧材料受压引起板料宽度方向增厚，其横断面形状变成了外窄内宽的扇形，如图2.3.7（a）所示。变形区横断面形状尺寸发生改变称为畸变。

宽板弯曲时，在宽度方向的变形会受到相邻部分材料的制约，材料不易流动，因此其横断面形状变化较小，仅在两端会出现少量变形，如图2.3.7（b）所示，由于相对于宽度尺寸

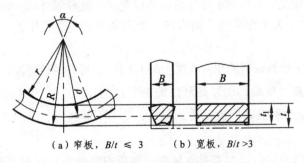

（a）窄板，$B/t \leqslant 3$　　（b）宽板，$B/t > 3$

图 2.3.7　弯曲变形区横断面的变形

而言数值较小，横断面形状基本保持为矩形。虽然宽板弯曲仅存在少量畸变，但是在某些弯曲件生产场合，如铰链加工制造，需要两个宽板弯曲件的配合时，这种畸变也会影响产品的质量。

（三）弯曲时变形区的应力和应变

由于板料相对宽度 B/t 直接影响板料沿宽度方向的应变，进而影响应力，因而随着 B/t 的不同，具有不同的应力应变状态，如图 2.3.8 所。

相对宽度	变形区域	应力应变状态分析		特点
		应力状态	应变状态	
窄板 $B/t<3$	内区（压区）	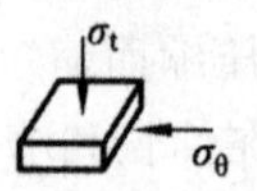 σ_t σ_θ	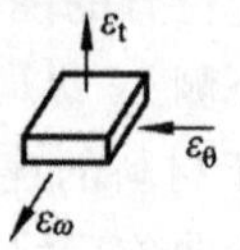 ε_t ε_θ ε_ω	平面应力状态，立体应变状态
	外区（拉区）	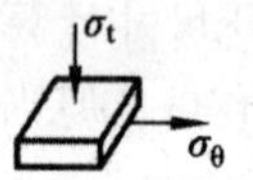 σ_t σ_θ	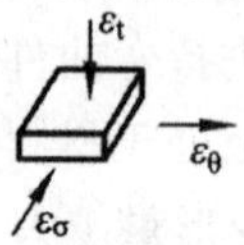 ε_t ε_θ ε_σ	
宽板 $B/t>3$	内区（压区）	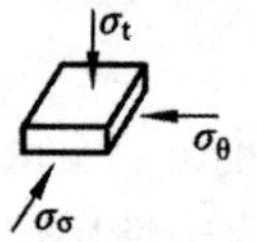 σ_t σ_θ σ_σ	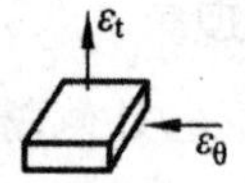 ε_t ε_θ	立体应力状态，平面应变状态
	外区（拉区）	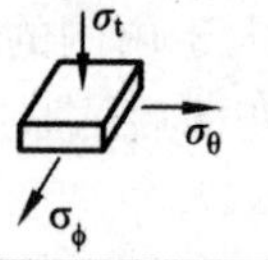 σ_t σ_θ σ_ϕ	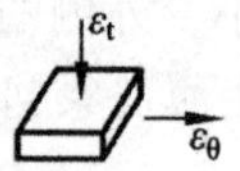 ε_t ε_θ	

图 2.3.8　板料弯曲变形的应力应变状态图

1. 应变状态

（1）切向（长度方向）ε：弯曲变形区外区金属纤维在切向拉应力的作用下受拉，产生伸长变形；内区金属纤维在切向压应力的作用下受压，产生压缩变形。并且该切向应变为绝对值最大的主应变。

（2）径向（厚度方向）ε_t：根据体积不变条件可知，沿着板料的宽度和厚度方向，必然产生与绝对值最大的主应变 ε_t（切向）符号相反的应变。在板料的外区，切向最大丰应变为伸长应变，所以径向应变 ε_t 为压缩应变，而内区，切向最大主应变为压缩应变，所以径向方向的应变 ε_t 为伸长应变。

（3）宽度方向 σ_ϕ：根据板料的相对宽度（B/t）不同，可分两种情况，对于窄板（$B/t\leqslant 3$），材料在宽度方向上可自由变形，所以在外区的应变 ε_ϕ 为压应变，内区的应变 ε_ϕ 为拉应变；而宽板（$B/t>3$），由于材料沿宽向流动受到阻碍，几乎不能变形，则内、外区在宽度方向的应变 $\varepsilon_\phi=0$。

综上所述，窄板弯曲的应变状态是立体的，宽板弯曲的应变状态是平面的。

2. 应力状态

（1）切向（长度方向）σ_θ：外区材料弯曲时受拉，切向应力为拉应力；内区材料弯曲时受压，切向应力为压应力。切向应力为绝对值最大的主应力。

（2）径向（厚度方向）σ_t：外区材料在板厚方向产生压缩应变 ε_t，因此材料有向曲率中心移近的倾向。越靠近板料外表面的材料，其切向的伸长应变 ε_t 越大，所以材料移向曲率中心的倾向也越大。这种不同的移动使纤维之间产生挤压，因而在料厚方向产生了径向压应力 σ_t。同样在材料的内区，料厚方向的伸长应变 ε_t 受到外区材料向曲率中心移近的阻碍，也产生了径向压应力 σ_t。该压应力在板表面为零，由表及里逐渐递增，中性层处达到最大。

（3）宽度方向 σ_B：窄板弯曲时，由于材料在宽度方向可自由变形，故内、外层应力接近于零（$\sigma_B \approx 0$）。宽板弯曲时，宽度方向上由于材料不能自由变形，外区宽度方向的收缩受阻，则外区有拉应力 σ_B；内区宽度方向的伸长都受到限制，则内区有压应力 σ_B 存在。

所以，窄板弯曲的应力状态是平面的，宽板弯曲的应力状态是立体的。

二、弯曲工艺计算

（一）弯曲力的计算

弯曲力是设计弯曲模和选择压力机吨位的重要依据。特别是在弯曲板料较厚、弯曲变形程度较大，材料强度较大时，必须对弯曲力进行计算。由于影响弯曲力的因素较多，如材料性能、零件形状、弯曲方法、模具结构、模具间隙和模具工作表面质量等。因此，用理论分析的方法很难准确计算弯曲力。生产中常用经验公式概略计算弯曲力，作为设计弯曲工艺过程和选择冲压设备的依据。

1. 自由弯曲

V 形弯曲件[见图 2.3.4（b）]：

$$F_{V_{自}} = \frac{0.6KBt^2\sigma_b}{r+t} \tag{2.3.1}$$

U 形弯曲件[见图 2.3.4（a）]：

$$F_{U_{自}} = \frac{0.7KBt^2\sigma_b}{r+t} \tag{2.3.2}$$

式中　$F_{自}$——冲压行程结束时的自由弯曲力，N；

　　　K——安全系数，一般取 1.3；

　　　B——弯曲件的宽度，mm；

　　　t——弯曲材料的厚度，mm；

　　　r——弯曲件的内弯曲半径，mm；

　　　σ_b——材料的强度极限，MPa。

2. 校正弯曲

校正弯曲是在自由弯曲阶段后，进一步使对贴合凸模、凹模表面的弯曲件进行挤压，其校正力比自由压弯力大得多。由于这两个力先后作用，校正弯曲时只需计算校正弯曲力。V形弯曲件和U形弯曲件均按下式计算：

$$F_{校} = qA \qquad (2.3.3)$$

式中　$F_{校}$——校正弯曲时的弯曲力，N；

A——校正部分垂直投影面积，mm^2；

q——单位面积上的校正力，MPa，其值见表 2.3.1。

表 2.3.1　单位面积上的校正力

材料名称	板料厚度 t/mm			
	<1	1~3	3~6	6~10
铝	10~20	20~30	30~40	40~50
黄铜	20~30	30~40	40~60	60~80
10、15、20 钢	30~40	40~60	60~80	80~100
25、30 钢	40~50	60~70	80~100	100~120

3. 顶件和压料力

对于设有顶件装置或压料装置的压弯模，顶件力或压料力 F_Q 值可按下式确定：

$$F_Q = (0.3 \sim 0.8)F_{自} \qquad (2.3.4)$$

4. 压力机吨位的确定

自由弯曲时压力机吨位应为：

$$P_{压机} \geqslant F_{自} + F_Q \qquad (2.3.5)$$

由于校正力是发生在接近压力机下死点的位置，校正力的数值比自由弯曲力、顶件力和压料力大得多，故 $F_{自}$、F_Q 值可忽略不计。则按校正弯曲力选择压力机的吨位，即：

$$P_{压机} \geqslant F_{校} \qquad (2.3.6)$$

（二）弯曲件毛坯展开尺寸的计算

根据应变中性层的定义，毛坯的长度就等于中性层的长度。

应变中性层的位置用曲率半径 δ（如图 2.3.9）来表示：

$$\rho = r + xt \qquad (2.3.7)$$

式中　x——为中性层位置系数，其值按表 2.3.2 选取。

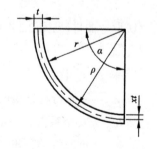

图 2.3.9　中性层曲率半径

表 2.3.2　中性层位置系数

r/t	0~0.5	0.5~0.8	0.8~2	2~3	3~4	4~5
x	0.16~0.25	0.25~0.30	0.30~0.35	0.35~0.40	0.40~0.45	0.45~0.50

由于弯曲件结构形状不同、弯曲半径大小不同以及弯曲方法不同，其毛坯尺寸的计算方

法也不同。

1. 有圆角半径的弯曲（ $r > 0.5t$ ）

有圆角半径的弯曲件，毛坯展开尺寸等于弯曲件直线部分长度与圆弧部分长度的总和。

$$L = \Sigma l_i + \Sigma \frac{\pi \alpha^2}{180°}(r_i + x_i) \tag{2.3.8}$$

式中　L——弯曲件毛坯总长度，mm；

l_i——各段直线部分长度，mm：

α——各段圆弧部分弯曲中心角（°）；

r——各段圆弧部分弯曲半径，mm；

x——各段圆弧部分中性层位移系数。

弯曲中心角为 90° 的单角弯曲件毛坯展开长度为：

$$L = l_1 + l_2 + \frac{\pi}{2}(r + xt) \tag{2.3.9}$$

2. 无圆角半径的弯曲（ $r \leqslant 0.5t$ ）

无圆角半径弯曲件的展开长度一般根据弯曲前后体积相等的原则，考虑到弯曲圆角变形区以及相邻直边部分的变薄因素，采用经过修正的公式来进行计算，见表 2.3.3。

表 2.3.3　$x \leqslant 0.5$ 的弯曲件坯料长度计算公式

简图	计算公式	简图	计算公式
	$L_0 = l_1 + l_2 + 0.4$		$L_0 = l_1 + l_2 + l_3 + 0.6t$ （一次同时弯曲两个角）
	$L_0 = l_1 + l_2 - 0.4$		$L_0 = l_1 + 2l_2 + 2l_3 + t$ （一次同时弯曲四个角） $L_0 = l_1 + 2l_2 + 2l_3 + 1.2t$ （一次同时弯曲四个角）

3. 铰链弯曲件

铰链弯曲和一般弯曲件有所不同，铰链弯曲常用推卷的方法成形。在弯曲卷圆的过程中，材料除了弯曲以外还受到挤压作用，板料不是变薄而是增厚了，中性层将向外侧移动，因此其中性层位移系数 $K \geqslant 0.5$。图 2.3.10 所示为铰链中性层位置示意图，图 2.3.11 所示为常见的铰链弯曲件。

表 2.3.4 铰链卷圆中性层位置系数 K。如图 2.3.11 所示的两种铰链。毛坯的展开长度按下式确定：

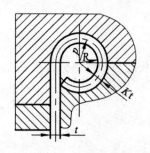

图 2.3.10　铰链中性层位置

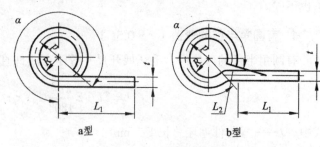

图 2.3.11　铰链弯曲件

（a）型　　$L = \dfrac{\pi(R + Kt)}{180°}\alpha + L_1$

（b）型　　$L = \dfrac{\pi(R + Kt)}{180°}\alpha + L_1 + L_2$

表 2.3.4　铰链卷圆中性层位置系数 K

R/t	> 0.5 ~ 0.6	0.6 ~ 0.8	0.8 ~ 1.0	1.0 ~ 1.2	1.2 ~ 1.5	1.5 ~ 1.8	1.8 ~ 2.0	2.0 ~ 2.2	>2.2
K	0.76	0.73	0.70	0.67	0.64	0.61	0.58	0.54	0.50

（三）弯曲件质量分析和控制

在实际冲压生产中，弯曲件出现的质量问题有回弹、弯裂和偏移等，为了提高弯曲件的成形精度，就应该具体分析弯曲件在弯曲成形过程中产生回弹、弯裂和偏移的原因，并采取相应的措施，从而提高弯曲件质量。

1. 弯曲件回弹现象的原因砸减少措施

常温下的塑性弯曲和其他塑性变形一样，在外力作用下产生的总变形由塑性变形和弹性变形两部分组成。当弯曲结束，外力去除后，塑性变形留存下来，而弹性变形则完全消失。弯曲变形区外侧因弹性恢复而缩短，内侧因弹性恢复而伸长，产生了弯曲件的弯曲角度和弯曲半径与模具相应尺寸不一致的现象。这种现象称为弯曲件的弹性回跳（简称回弹），回弹是弯曲成形时常见的现象，如图 2.3.12 所示。但也是弯曲件生产中不易解决的一个棘手的问题。

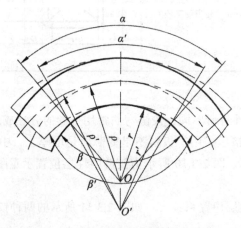

图 2.3.12　弯曲件的弹性回跳

弯曲件的回弹现象通常表现为两种形式：一是弯曲半径的改变，由回弹前弯曲半径 r_t 变为回弹后的 r_0。二是弯曲角度的改变，由回弹前弯曲中心角度 α'（凸模的中心角度）变为回弹后的工件实际中心角度 α_0，通常用回弹角 $\Delta\alpha$ 来表示弯曲件的回弹程度：$\Delta\alpha = \alpha_0 - \alpha'$ 回弹角如越大，表示回弹越严重。

2. 影响弹性回跳的主要因素

1）材料的力学性能

材料的屈服点 σ_s 越高，弹性模量 E 越小，弯曲弹性回跳越大。这一点从图 2.3.13 曲线上很容易理解，（a）图所示的两种材料的屈服极限基本相同，但 $E_1 > E_2$。在弯曲变形程度相等的情况下，卸载后的两种材料的回弹量却不一样（$\varepsilon_2 > \varepsilon_1$）。（b）图所示的两种材料的弹性模数基本相同（$E_1 = E_2$），而屈服极限不同（$\varepsilon_4 > \varepsilon_3$），在弯曲变形程度相同的条件下，卸载后的回弹量则不同，经冷作硬化而屈服极限较高的软钢的回弹大于屈服极限较低的退火软钢。

2）相对弯曲半径 r/t

相对弯曲变径 r/t 越大，板料的弯曲变形程度越小，在板料中性层两侧的纯弹性变形区增加越多，塑性变形区中的弹性变形所占的比例同时也增大。故相对弯曲变径 r/t 越大，则回弹也越大。

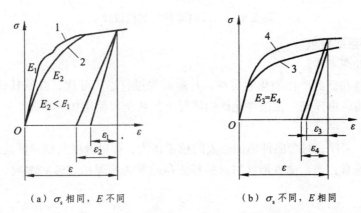

（a）σ_s 相同，E 不同　　　　　　（b）σ_s 不同，E 相同

图 2.3.13　材料力学性能对回弹的影响

1、3—退火软钢；2—软锰黄铜；4—冷变形硬化钢

3）弯曲中心角 α

弯曲中心角 α 越大，表明变形区的 r_α 越长，故回弹的积累值越大，其回弹角大。但对弯曲半径的回弹影响不大。

4）弯曲方式及弯曲模

板料弯曲方式有自由弯曲和校正弯曲。在无底的凹模中自由弯曲时，回弹大；在有底的凹模内作校正弯曲时，回弹值小。原因是：校正弯曲力较大，可改变弯曲件变形区的应力状态，增加圆角处的塑性变形程度。

5）弯曲件形状

工件的形状越复杂，一次弯曲所成形的角度数量越多，各部分的回弹值相互牵制以及弯曲件表面与模具表面之间的摩擦影响，改变了弯曲件各部分的应力状态（一般可以增大弯曲变形区的拉应力），使回弹困难，因而回弹角减小。如 Π 形件的回弹值比 U 形件小，U 形件又比 V 形件小。

6）模具间隙

在压弯 U 形件时，间隙大，材料处于松动状态，回弹就大；间隙小，材料被挤压，回弹就小。

3. 减小弹性回跳的措施

弯曲件产生弹性回跳造成形状和尺寸误差，很难获得合格的制件。因此，生产中要采取措施来控制和减小回弹。常用控制弯曲件的回弹的措施有：

1）改进零件的结构设计

在变形区压加强肋或压成形边翼，增加弯曲件的刚性，使弯曲件回弹困难，如图 2.3.14 所示。

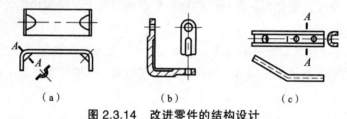

（a）　　　　　　（b）　　　　　　（c）

图 2.3.14　改进零件的结构设计

2）从工艺上采取措施

（1）采用热处理工艺。

对一些硬材料和已经冷作硬化的材料，弯曲前先进行退火处理，降低其硬度以减少弯曲时的回弹，待弯曲后再淬硬。在条件允许的情况下，甚至可使用加热弯曲。

（2）增加校正工序。

运用校正弯曲工序，对弯曲件施加较大的校正压力，可以改变其变形区的应力应变状态，以减少回弹量。通常，当弯曲变形区材料的校正压缩量为板厚的 2%～5%时，就可以得到较好的效果。

（3）采用拉弯工艺。

对于相对弯曲半径很大的弯曲件，由于变形区大部分处于弹性变形状态，弯曲回弹量很大。这时可以采用拉弯工艺，如图 2.3.15 所示。

工件在弯曲变形的过程中受到了切向拉伸力的作用。施加的拉伸力应使变形区内的合成应力大于材料的屈服极限，中性层内侧压应变转化为拉应变，从而材料的整个横断面都处于塑性拉伸变形的范围（变形区内、外侧都处于拉应变范围），如图 2.3.16 所示。卸载后内外

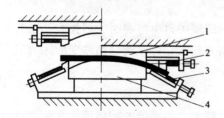

图 2.3.15　拉弯工艺示意图

1—上模；2—夹子；3—弹簧；4—下模

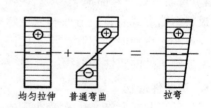

均匀拉伸　普通弯曲　拉弯

图 2.3.16　拉弯时弯曲件切向应力分析

两侧的回弹趋势相互抵消，因此可大大减少弯曲件的回弹。

大曲率半径弯曲件的拉弯可以在拉弯机上进行。拉弯时，弯曲变形与拉伸的先后次序对回弹量有一定影响。先弯后拉比先拉后弯好。但先弯后拉的不足之处是已弯坯料与模具摩擦加大，拉力难以有效地传递到各部分，因此实际生产中采用拉+弯+拉的复合工艺方法。

一般小型弯曲件可采用在毛坯直边部分加压边力限制非变形区材料的流动，如图 2.3.17 所示；或者减小凸、凹模间隙使变形区的材料作变薄挤压拉伸的方法，如图 2.3.18 所示，以增加变形区的拉应变。

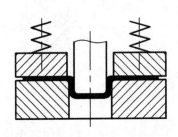

图 2.3.17　压边力拉弯示意图

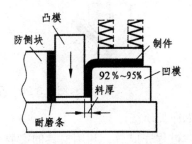

图 2.3.18　小间隙拉弯示意图

3）从模具结构上采取措施

（1）补偿法。

利用弯曲件不同部位回弹方向相反的特点，按预先估算或试验所得的回弹量，修正凸模和凹模工作部分的尺寸和几何形状，以相反方向的回弹来补偿工件的回弹量，如图 2.3.19 所示，其中（a）为单角弯曲时，根据工件可能产生的回弹量，将回弹角做在凹模上，使凹模的工作部分具有一定斜度。（b）为双角弯曲时的凸、凹模补偿形式。双角弯曲时，可以将弯曲凸模两侧修去回弹角，并保持弯曲模的单面间隙等于最小料厚，促使工件贴住凸模，开模后工件两侧回弹至垂直。（c）是将模具底部做成圆弧形，利用开模后底部向下的回弹作用来补偿工件两侧向外的回弹。

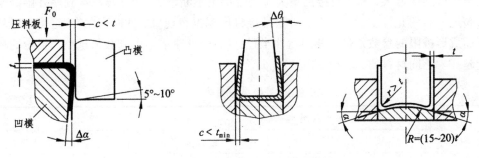

图 2.3.19　用补偿法修正模具结构

（2）校正法。

当材料厚度在 0.8 mm 以上，塑性比较好，而且弯曲圆角半径不大时，可以改变凸模结构，使校正力集中在弯曲变形区，加大变形区应力应变状态的改变程度（迫使材料内外侧同为切向压应力、切向拉应变）。从而使内外侧回弹趋势相互抵消，如图 2.3.20 所示。

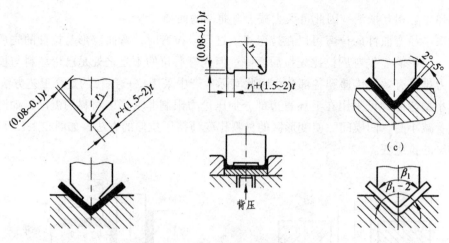

图 2.3.20　用校正法修正模具结构

（3）纵向加压法。

在弯曲过程完成后，利用模具的突肩在弯曲件的端部纵向加压，使弯曲变形区横断面上都受到压应力，卸载时工件内外侧的回弹趋势相反，使回弹大为降低。利用这种方法可获得较精确的弯边尺寸，但对毛坯精度要求较高。

（4）采用聚氨酯弯凹模。

利用聚氨酯凹模代替刚性金属凹模进行弯曲。弯曲时金属板料随着凸模逐渐进入聚氨酯凹模，激增的弯曲力将会改变圆角变形区材料的应力应变状态，达到类似校正弯曲的效果，从而减少回弹。

（二）弯曲件的弯裂和防止的措施

1. 弯裂现象和弯曲成形极限

薄板弯曲时，弯曲变形区的外层纤维受到最大拉伸变形，随着相对弯曲半径 r/t 的减小，弯曲变形程度逐渐增大，外层纤维的最大拉伸变形也不断增大。当 r/t 减小到使外层纤维的拉伸变形超过材料的允许变形程度时，外层纤维将出现拉裂现象。此时弯曲变形达到极限状态。表示弯曲成形极限的参数是最小相对弯曲半径，以 r_{min}/t 来表示，其数值越小，板料的弯曲成形性能越好。不同材料的 r_{min}/t 列于表 2.3.5。

表 2.3.5　最小弯曲半径 r_{min}/t

材　料	正火或退火的		硬化的	
	弯曲线方向			
	与轧纹垂直	与轧纹平行	与轧纹垂直	与轧纹平行
05、08F	0.05	0.3	0.2	0.5
08、10	0.1	0.4	0.4	0.8
15、20	0.15	0.5	0.5	1
25、30	0.2	0.6	0.6	1.2

材料	正火或退火的		硬化的	
	弯曲线方向			
	与轧纹垂直	与轧纹平行	与轧纹垂直	与轧纹平行
35、40	0.3	0.8	0.8	1.5
45、50	0.5	1	1	1.7
55、60	0.7	1.3	1.3	2
软黄铜	0.1	0.35	0.35	0.8
紫铜	0.1	0.35	1	2
铝	0.1	0.35	0.5	1

影响最小弯曲半径 r_{min}/t 的因素有：

1）材料性能

材料的塑性越好，其延伸率值越大。外层纤维允许变形的程度越大，r_{min}/t 数值越小。

2）折弯方向

金属板料经辗压后得到纤维状组织，使板料呈现出各向异性。沿纤维方向的机械性能较好，不易拉裂。因此，当弯曲线与纤维组织方向垂直时，r_{min}/t 数值最小；弯曲性能最好。当弯曲线与纤维组织方向平行时 r_{min}/t 最大，弯曲性能最差。

3）板料的热处理状态

经退火的板料塑性好，r_{min}/t 较小。经冷作硬化的板料塑性降低，r_{min}/t 会增大。

4）板料的边缘及表面状态

下料时板料边缘的冷作硬化、毛刺及板料表面带有划伤等缺陷，弯曲时易受到拉伸应力而破裂，r_{min}/t 会增大。

5）板材宽度的影响

窄板（$B/t \leqslant 3$）弯曲时，在板料宽度方向的应力为零。宽度方向的材料可以自由流动，以缓解弯曲圆角外侧的切向拉应力和拉伸应变状态，因此，可以使 r_{min}/t 减小。

6）弯曲角度

弯曲角度 θ 越小，最小相对弯曲半径 r_{min}/t 越小，如图 2.3.21 所示。这是因为在弯曲过

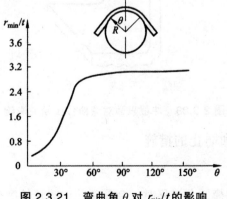

图 2.3.21 弯曲角 θ 对 r_{min}/t 的影响

程中，毛坯的变形并不是局限在圆角变形区，由于材料的相互牵连，其变形影响到圆角附近的直边，实际扩大了弯曲变形区范同，分散了集中在圆角部位的弯曲应变，对圆角外层纤维濒于拉裂的极限状态有所缓解，使 r_{min}/t 减小。θ 越小，圆角中段变形程度的降低越多，所以 r_{min}/t 越小。

2. 防止弯裂的措施

（1）要选用表面质量好、无缺陷的材料做弯曲件的毛坯。如果毛坯有缺陷，应在弯曲前清除掉，否则弯曲时会在缺陷处开裂。

（2）在设计弯曲件时，应使工件弯曲半径大于其最小弯曲半径（$r_{件} > r_{min}$），防止弯曲时由于变形程度过大产生裂纹。若需要 $r_{件} < r_{min}$ 时，则应两次弯曲，最后一次以校正工序达到工件圆角半径的要求。

（3）弯曲时，应尽可能使弯曲线与材料的纤维方向垂直。对 r 需要双向弯曲的工件，应可能使弯曲线与纤维方向成 45°的角，如图 2 3 22 所示。

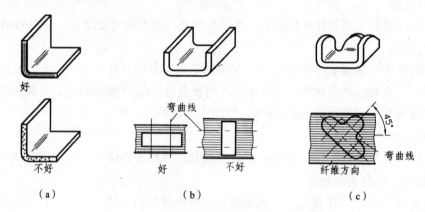

图 2.3.22　弯曲线与材料纤维方向的关系

（4）弯曲时毛刺会引起应力集中而使工件开裂，如图图 2.3.23 所示，故应把毛刺的一边放在弯曲内侧。

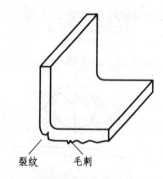

图 2.3.23　冲裁表面对弯曲件质量的影响

（三）弯曲偏移现象和防止的措施

1. 偏移现象的产生

板料在弯曲过程中沿凹模圆角滑移时，会受到凹模圆角处摩擦阻力的作用。当所受的摩擦阻力不等时，有可能使毛坯在弯曲过程中沿工件长度方向产生移动，使边的高度不符合图样的要求，这种现象称为偏移，如图 2.3.24 所示。

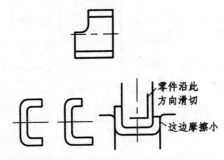

图 2.3.24　制件弯曲时的偏移现象

2. 偏移产生的原因

产生偏移的原因概括起来有下面几种：

（1）制件毛坯不对称造成的偏移。

（2）工件结构不对称造成的偏移。

（3）弯曲模结构不合理造成的偏移。

（4）凸、凹模的圆角不对称、间隙不对称造成的偏移。

3. 防止偏移的措施

（1）拟定工艺方案时，可将弯曲件不对称形状组合成对称形状，然后再切开（见图 2.3.25）这样毛坯在弯曲时受力均匀，有利于防止偏移。

（2）在模具设计时采用压料装置（见图 2.3.26），使毛坯在压紧状态逐渐弯曲成形，这样不仅防止毛坯的滑动，而且能得到底部较平整的工件。

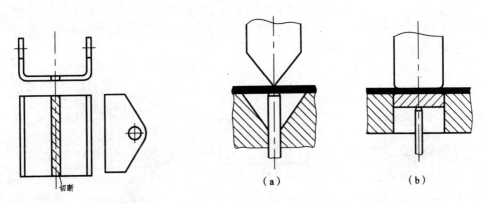

图 2.3.25　克服偏移措施（Ⅰ）　　　　图 2.3.26　防止偏移措施（Ⅱ）

（3）要设计合理的定位板（外形定位）或定位销（见图 2.3.27），保证毛坯在模具中定位可靠。对于某些弯曲件，工艺孔与压料板可兼用。

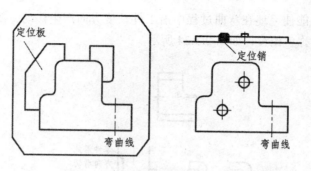

图 2.3.27 防止偏移措施（Ⅲ）

四、弯曲模

（一）弯曲模结构简介

弯曲模结构设计应在选定弯曲件弯曲工艺方案的基础上进行，为了保证达到工件的需求，在进行弯曲模的结构设计时，必须注意以下几点：

（1）坯料放在模具上应保证可靠的定位。

（2）在压弯过程中，应防止毛坯的窜动。

（3）为了减少回弹，在行程结束时应使工件在模具中得到校正。

（4）弯曲模的结构应考虑到制造与维修中减小回弹的可能。

（5）毛坯放入模具上和压弯后从模具中取出工件要方便。

下面仅介绍几种常见的弯曲模结构：

1. V形件弯曲模

一般 V 形件弯曲模可采用图 2.3.28（a）所示的结构。图中弹簧顶杆是为了防止压弯时坯料偏移而采用的压料装置，如果弯曲件精度要求不高，压料装置也可不用，以简化模具结构。

对于两边不等长的 V 形件，可采用图 2.3.28（b）所示的结构。当 V 形件其中一边很长时，可采用图 2.3.28（c）所示的结构，这两种结构均采用了压料装置和定位销定位，压弯时毛坯不会发生偏移，能有效保证弯曲件的质量。

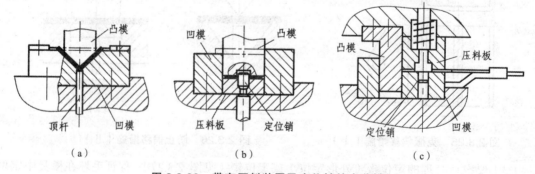

（a） （b） （c）

图 3.2.28 带有压料装置及定位销的弯曲模

2. U形件弯曲模

图 2.3.29（a）所示为一般 U 形件的弯曲模，压弯时压料板将毛坯压住，弯曲后将工件顶

起，如果工件卡在凸模上，便由顶杆推下。

图 2.3.29（b）所示为闭角弯曲模，用以弯制夹角小于 90°的 U 形件，压弯时凸模首先将毛坯弯曲成 U 形，凸模继续下压时，凸模与活动凹模相接触并使左右活动凹模绕中心向当中旋转，最后使毛坯压弯成形。当凸模上升后，弹簧使活动凹模复位，工件从垂直于图面方向卸下。

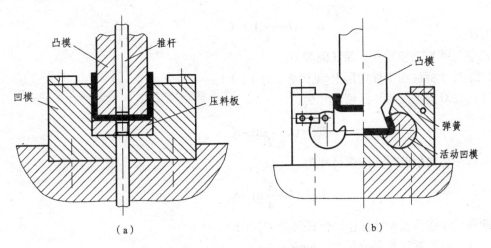

图 3.2.29　U 形件弯曲模

（二）弯曲模工作部分尺寸计算

弯曲模工作部分主要是弯曲凸、凹模的尺寸，凸模与凹模的间隙，凸、凹模圆角半径和凹模深度。

1. 凸模与凹模的间隙

如图 2.3.30 所示，弯曲 U 形件，其凸凹模间隙 C 的大小，对弯曲件质量有直接影响，过大间隙会引起回弹量的增加；过小时，引起工件的材料厚度的变薄，降低模具的使用寿命，因此必须确定出合理的间隙值。

凸凹模合理的间隙按下式计算：

$$C = t + \Delta + Kt$$

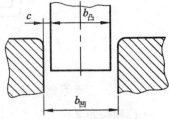

图 3.2.30　弯曲模工作部分尺寸

式中　C ——弯曲凸凹模间隙；

　　　t ——材料厚度；

　　　Δ ——材料厚度正偏差；

　　　K ——修正系数，$K = 0.05 \sim 0.10$.

当工件的精度要求高时，凸凹模间隙应适当减小，可以取 $c = t$。

对于弯曲 V 形件，凸、凹间隙值靠调整压力机闭合高度来控制，不需要在设计和制造模具时确定间隙。

2. 凸模、凹模工作部分

弯曲件的尺寸标注根据装配要求有两类标注方式，相应地凸凹模尺寸计算也不相同。

（1）尺寸标注在工件外形上[见图 2.3.31（a）]。

①标注双向偏差时，凹模尺寸为：

$$b_凹 = (L - \frac{1}{2}\Delta) + \delta_凹$$

②标注单向偏差时.凹模尺寸为：

$$b_凹 = (L - \frac{3}{4}\Delta) + \delta_凹$$

凸模尺寸按凹模配作，保证间隙 C。

（2）尺寸标注在工件内形上[见图 3.2.31（b）]。

①标注双向偏差时，凸模尺寸为：

$$b_凸 = (L + \frac{1}{2}\Delta) - \delta_凸$$

②标注单向偏差时，凸模尺寸为：

$$b_凸 = (L + \frac{3}{4}\Delta) - \delta_凸$$

凹模尺寸按凸模尺寸配作，保证间隙 C。

式中 $b_凸$——凸模工作部分尺寸，mm；

　　　L——工件公称尺寸，mm；

　　　$b_凹$——凹模工作部分尺寸，mm；

　　　Δ——工件公差，mm；

　　　$\delta_凸$、$\delta_凹$——凸、凹模制造偏差，采用 IT7 ~ IT8 级。

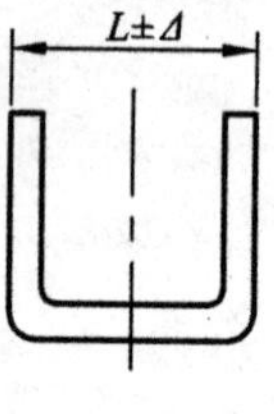

（a）工件尺寸标注在外形上 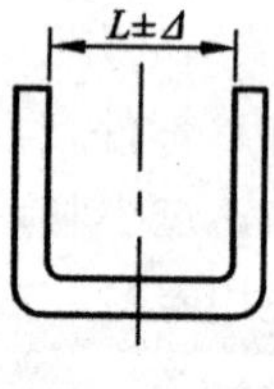　　　　（b）工件尺寸标注在内形上

图 3.2.31　弯曲件尺寸标注

3. 凸模、凹模圆角半径

1）凸模圆角半径

若弯曲件的内侧弯曲半径为 r，则 $r_凸 = r(r \geq r_{min})$。如果因工件结构需要 $r < r_{min}$ 时则应取 $r_凸 > r_{min}$，最后通过整形工序使 $r_凸 = r$。

2）凹模圆角半径及凹模深度 L

凹模圆角半径不宜过小，以免在弯曲时擦伤毛坯，凹模两侧对称圆角应一致，以防止坯件移动不均匀。

凹模深度要适当，若过小，毛坯自由部分太多，回弹大，且不平直；若过大，模具材料消耗大且不经济，还需较大的工作行程。

凸模圆角半径，与弯曲件边长 L 有关，可按表 2.3.6 选取。

表 2.3.6　凹核圆角半径与凹模深度（mm）

料厚 t	~0.5		0.5~2.0		2.0~4.0		4.0~7.0	
边长 L	l	$r_凹$	t	$r_凹$	l	$r_凹$	t	$r_凹$
10	6	3	10	3	10	4		
20	8	3	12	4	15	5	20	8
35	12	4	15	5	20	6	25	8
50	15	5	20	6	25	8	30	10
75	20	6	25	8	30	10	35	12
100			30	10	35	12	40	15
150			35	12	40	15	50	20
200			45	15	55	20	65	25

注：t——材料厚度；L——弯曲件边长；l——凹模深度，$r_凸$、$r_凹$——凸、凹模圆角半径。

【任务实施】

图 2.3.1 所示弯曲件的工艺计算和模具设计计算作业如表 2.3.7 所示。

表 2.3.7　图 2.3.1 所示弯曲件的工艺计算和模具设计计算作业表

（1）学习 U 形弯曲件弯曲模具工作部分尺寸的设计计算方法； （2）学习 U 形弯曲件的工艺计算方法			
弯曲模具工作部分尺寸的设计计算方法	（1）正确计算 U 形弯曲模具的间隙； （2）正确判断基准模； （3）正确计算基准模和非基准模工作部分的尺寸； （4）正确确定基准模和非基准模工作部分的尺寸公差		
弯曲件的工艺计算	（1）弯曲件的工序安排； （2）弯曲力的计算，并选择合适的压力机； （3）计算弯曲件的毛坯尺寸		
任务实施过程	作业内容	作业要领	检查记录
	弯曲模具工作部分尺寸的计算	正确确定模具的间隙，正确判断基准模	
	弯曲件的工艺计算	正确计算弯曲力，选择压力机，正确计算弯曲件的展开长度	
任务完成效果的比较			

【项目测练】

一、判断题（正确的在括号内画"√"，错误的画"×"）

1. 在其他条件相同的情况下，弯曲线垂直于钢板轧制方向允许的弯曲半径较小。（　　　）

2. 弯曲工序中，冲压用材料过厚可能造成制件回弹加大。（　　　）

3. 相对弯曲半径（r/t）是表示零件结构工艺性好坏的指标之一。（　　　）

4. 在其他条件相同的情况下仅凸模圆角不同，弯曲后凸模圆角半径小的回弹较小。

　　　　　　　　　　　　　　　　　　　　　　　　　　　　　　　（　　　）

5. 材料的机械性能对弯曲件影响较大，其中材料的塑性越差，其允许的最小相对弯曲半径越小。（　　　）

6. 弯曲件的中性层一定位于工件 1/2 料厚位置。（　　　）

二、选择题

1. 弯曲过程中常常出现的现象是（　　　）。

　　A. 回弹　　　　B. 变形区厚度减薄　　　　C. 偏移　　　D. 变形区厚度增加

2. 相对弯曲半径 r/t 表示（　　　）。

　　A. 材料的弯曲变形极限　　　B. 零件的弯曲变形度　　　C. 弯曲难易程度

3. 最小相对弯曲半径 $r_{\min}/t$ 表示（　　　）。

　　A. 材料的弯曲变形极限　　　B. 零件的弯曲变形程度

　　C. 零件的结构工艺好坏　　　D. 弯曲难易程度

三、简答题

1. 影响弯曲变形回弹的因素是什么？采取什么措施能减少回弹？

2. 弯曲时的变形程度用什么来表示？为什么可用它来表示？弯曲时的极限变形程度受哪些因素的影响？

3. 简述弯曲件的结构工艺性。

4. 弯曲过程中坯料可能产生偏移的原因有哪些？如何减小和克服偏移？

四、计算如图 2.3.32 所示弯曲件的坯料长度。

五、试完成图 2.3.33 所示弯曲制件从毛坯到冲压成弯曲制作的工序安排。

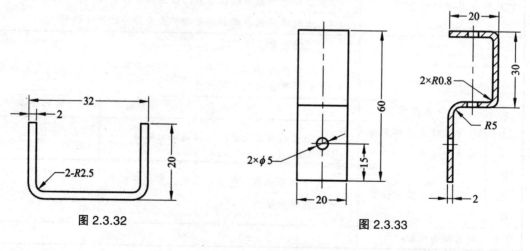

图 2.3.32　　　　　　　　　　　　　　　　　　图 2.3.33

任务四　拉深工艺

【任务分析】

本任务是对落料拉深复合模的拆卸和装配。在对模具的拆装的过程中，重点要掌握落料拉深复合模的结构，拉深工艺的设计，拉深模具工作部分尺寸的设计计算。

【相关知识】

一、拉深件的类型及特点

拉深又称拉延，是利用拉深模在压力机的压力作用下，将平板坯料或空心工序件制成开口空心零件的加工方法。它是冲压基本工序之一。可以加工旋转体零件，还可加工盒形零件及其他形状复杂的薄壁零件。

拉深时所用的模具与冲裁模不同，其凸模与凹模没有锋利的刀口，而具有较大的圆角半径，并且凸、凹模之间的间隙一般稍大于板厚。拉深工艺的主要特征在于拉深时金属有较大的流动，要求凸、凹模采用较大的圆角及较大的间隙就是为了金属的流动。

用拉深工艺可以压制成圆筒形、阶梯形、球形、锥形以及其他不规则形状的开口空心零件，如图 2.4.1 所示。如果与其他成形工艺配合，还可制成形状极其复杂的零件。拉深件的尺寸范围很大，小至几毫米，大至几米；拉深件的精度也较高，可达到 IT10 级精度。因此，拉深成形方法在汽车、飞机、军工产品、电子仪表以及日用品等工业部门的冲压生产中，都应用十分广泛。

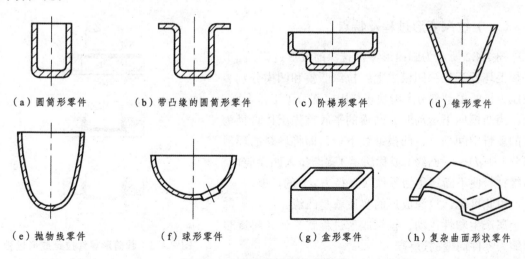

（a）圆筒形零件　　（b）带凸缘的圆筒形零件　　（c）阶梯形零件　　（d）锥形零件

（e）抛物线零件　　（f）球形零件　　（g）盒形零件　　（h）复杂曲面形状零件

图 2.4.1　拉深成形的各种零件

拉深件种类很多，形状各异，各种零件的变形区位置、受力情况、变形特点和成形机理等也不相同，因此确定工艺参数、工序顺序及设计模具的原则和方法也有很大差异。为了便于工艺分析，在设计模具时，可按拉深件的变形力学特点，将其分为 4 种类型：直壁旋转件（如圆筒形件）、非直壁旋转件（如球形件）、盒形件及不规则形状的零件（如复杂曲面的汽车车身覆盖件）。

表 2.4.1 列出拉深件的类型及特点。从表中列出的变形特点看，由于每类零件都有自己的变形特点，因而可用相同的原则和方法去研究，分析该类零件的拉深成形问题，并解决所出现的质量问题。需要说明的是：对于非直壁的旋转件及某些不规则形状的零件，它们的成形是外周边拉深和内部胀形的复合。

表 2.4.1　拉深件类型及变形特点

拉深件类型		变形特点
直壁旋转件	圆筒形件 带凸缘圆筒形件 阶梯圆筒形件	凸缘部分圆环形区域为变形区，筒壁部分为传力区，变形区毛坯径向受拉，切向受压，其变形是拉深变形
非直壁旋转件	球形件 锥形件 抛物线形件	这类零件变形区有三个部分：凸缘部分为拉深变形区；凹模口内悬空部分为拉深变形区；凸模顶端至变形过渡环间材料是胀形变形区，其变形是拉深变形与胀形变形的复合
盒形件		盒形件圆角部分接近拉深变形，直边部分基本上是弯曲变形，其变形区是拉深与弯曲的复合 毛坯周边变形不均匀，变形大的部分与变形小的部分互相制约与影响
不规则形状拉深件		不规则变形件变形复杂，一般外缘是拉深变形，内部大多是胀形变形（也有拉深变形），并且有周边变形不均的特点

二、圆筒形零件的拉深

（一）拉深变形过程及特点

图 2.4.2 所示为圆筒形零件拉深的成形过程；圆形平板毛坯置于拉深凹模之上，拉深凸模和凹模分别装在压力机的可动部分（滑块）与固定部分（工作台面）上。当凸模向下运动时，凸模的平底首先压住直径为 d 的坯料中间部分；凸模继续下行，即将坯料的环形部分（$D-d$）——凸缘（或称法兰）逐渐拉入凹模腔内，凸缘材料便不断转化为零件（直径为 d）的筒壁。

由此可见，拉深成形的实质就是凸缘（法兰）部分金属产生塑性流动，拉深成形过程就是使坯料逐步收缩为零件筒壁的过程。

从变形的角度，可以将拉深成形的立体形状零件划分为 5 个区域（见图 2.4.3）：圆筒底区域 OIJ，凸模

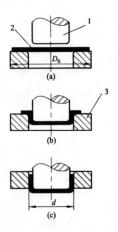

图 2.4.2　圆筒形零件拉延成形过程

1—凸模；2—毛坯；3—凹模

圆角区域 *GHIJ*. 筒壁区域 *EFGH*，凹模圆角区域 *CDEF*，凸缘区域 *ABCD*。

为了更直观地了解金属的流动状态，可在圆形毛坯上画出间距相等的同心圆和分度相等的辐射线所组成的网格，毛坯拉深成筒形件后，网格的形状和尺寸都产生了较大的变化（见图 2.4.4），图中的网格由扇形 F_1 变成矩形 F_2。

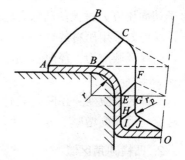

图 2.4.3　圆筒形拉延件各成形区域

观察变形前后的网格，发现圆筒底部的网格与拉深前基本没有变化；筒壁部分的网格由原来的扇形变成矩形，距底部越远矩形的高度越大。这说明拉深过程中底部没有产生塑性变形，底部是不变形区，圆筒壁部是由毛坯圆环部分金属流动而形成，其塑性变形程度由底部向上部逐渐增大。已形成的筒壁不再变形为已变形区，毛坯的圆环部分（即工件的凸缘部分）则为变形区。

金属塑性流动的结果主要是增加了筒壁高度 Δh，同时也使板料厚度改变（筒壁底部减薄筒壁顶部增厚）和刚度增加（见图 2.4.5）。

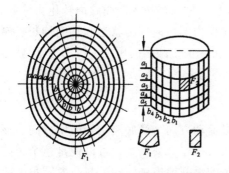

图 2.4.4　拉深件变形前后网格变化图

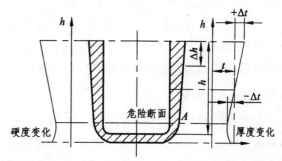

图 2.4.5　拉深件沿高度方向硬度和壁厚的变化

（二）圆筒形拉深件的应力与应变

分析拉深过程圆筒形件各部分的应力与应变，对了解拉深时产生的各种现象（如起皱、拉裂等），解决出现的工艺问题和提高制件质量都是必要的。

以带压料圈的圆筒形件为例，分析其拉深时 5 个区域的应力应变，如图 2.4.6 所示。

1. 凸缘（法兰）区域

凸缘部分是拉深成形的主要变形区，该区材料在凸模拉深力的作用下不断被拉入凹模腔内，同时其外缘直径不断缩小，因此，该处材料处于径向受拉、切向受压的应力状态，并在径向和切向分别产生伸长和压缩变

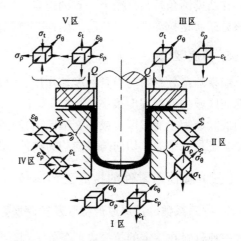

图 2.4.6　圆筒形件拉深过程的应力与应变

形，板厚有增加，凸缘外边缘处板厚增加最大。当凸缘直径较大时，而板料又较薄时，往往由于切向压应力过大使凸缘失稳而拱起，即形成"起皱"现象。在这种情况，为防止凸缘起皱，就应该采用压料装置。

凸缘区域应力：径向 σ_ρ 是拉应力，切向 σ_θ 及厚向 σ_t 为压应力（在无压料装置时，则 σ_t 为零）。

凸缘区域应变：径向 ε_ρ 是伸长应变。切向 ε_θ 是压缩应变，厚向 ε_t 无论有无压料力都是伸长应变（因厚度增厚了）。

2. 凹模圆角区域

当缘材料向凹模腔内流动进入凹模圆角区域时，材料在凹模圆角区域的边界 CD 处（见图2.4.3），首先经受一次由直变弯的弯曲过程，以使坯料与凹模圆角贴合。当材料离开凹模圆角区域转化为筒壁的一部分时，材料又经历一次由弯变直的弯曲过程。这两次弯曲变形为材料成形附加了弯曲阻力和摩擦阻力，造成拉深力大大增加。在凹模圆角区域：材料的应力状态为径向受拉、切向和厚向受压；应变状态为径向拉伸、切向压缩、厚度减薄。

3. 筒壁区域

由于凸、凹模的间隙（单边间隙）略大于材料厚度，材料被拉入凹模腔内转化为筒壁后，直径基本不变了，所以筒壁区域的材料处于轴向受拉应力的单向应力状态和轴向伸长、厚度变薄（筒底变薄而筒顶增厚）的平面应变状态。压力机施加于凸模的压力（拉深力），就是靠该区的材料传递到凹模圆角区及凸缘区域，因此，该区又称传力区。

4. 凸模圆角区域

凸模圆角区材料也经历了两次弯曲，材料的变形流动方向为筒底流动到筒壁方向，该区域材料由于受到凸模圆角的顶压和成形力的拉伸作用，板厚减薄严重，可以说是整个圆筒形零件上变薄最严重的区域，拉深时成形极限是由该区的承载能力决定的。在凸模圆角区域：材料的应力是三维的，径向为拉应力、切向和厚向为压应力；应变状态也是三维的，径向和切向拉伸变形，厚向压缩变形。

在凸模圆角转角处稍上一点的地点（见图 2.4.5 中的 A 点）是筒壁变薄最严重的地方，因而该处断面是拉深件的"危险"断面，拉深件的拉裂破坏多在此处发生。

5. 筒底区域

凸模圆角处材料与模具的摩擦作用，大大减轻了筒壁轴向拉应力对筒底材料的拉伸变形，使筒底区域的变形程度很小，通常其拉伸变形量为 1%～2%，厚度减薄量为 2%～3%，因此可称筒底区域为小变形区（或不变形区）。筒底区域材料处于切向和径向受拉的平面应力状态；应变状态是三维的，切向与径向均为拉伸变形。厚向为压缩变形。

（三）圆筒形零件的拉深工艺参数

1. 拉深系数、拉深成形极限及拉深次数

一种材料在一定的拉深成形条件 r，其筒壁传力区的最大拉应力的数值取决于拉深变形程度的大小——拉深系数 m。拉深系数 m 是拉深后的圆筒形零件直径 d 与拉深前毛坯直径 D 之

比，即 $nr = d/D$。拉深系数是拉深前后毛坯直径的变化量，反映了毛坯边缘在拉深时切向压缩变形的大小。m 越小，表示拉深变形程度越大。

m 值越小，筒壁的最大拉应力越大。当最大拉应力之值增加到筒壁危险断面的抗拉强度时，筒壁的承载能力达到极限。危险断面濒于拉裂时，这一极限变形状态下的拉深系数即称之为极限拉深系数 m_{min}。极限拉深系数 m_{min} 是表征薄板材料拉深成形时极限变形程度大小的重要参数，也是衡量薄板材料冲压成形性能好坏的重要指标之一。表 2.4.2 为低碳钢的各次拉深的极限拉探系数。

表 2.4.2　无凸缘圆筒形位深件的极限拉深系数

拉深系数	毛坯相对厚度（t/D）×100					
	0.08 ~ 0.15	0.15 ~ 0.30	0.30 ~ 0.60	0.60 ~ 1.0	1.0 ~ 1.5	1.5 ~ 2.0
m_1	0.60 ~ 0.63	0.58 ~ 0.60	0.55 ~ 0.58	0.53 ~ 0.55	0.50 ~ 0.53	0.48 ~ 0.50
m_2	0.80 ~ 0.82	0.79 ~ 0.80	0.78 ~ 0.79	0.76 ~ 0.78	0.75 ~ 0.76	0.73 ~ 0.75
m_3	0.82 ~ 0.84	0.81 ~ 0.82	0.80 ~ 0.81	0.79 ~ 0.80	0.78 ~ 0.79	0.76 ~ 0.78
m_4	0.85 ~ 0.86	0.83 ~ 0.85	0.82 ~ 0.83	0.81 ~ 0.82	0.80 ~ 0.81	0.78 ~ 0.80
m_5	0.87 ~ 0.88	0.86 ~ 0.87	0.85 ~ 0.86	0.84 ~ 0.85	0.82 ~ 0.84	0.80 ~ 0.82

一般来说，凡是能够使筒壁传力区的最大拉应力减小、使危险断面的抗拉强度增加的因素，都有利于极限拉深系数的降低。可在材料选择和改善薄板拉深成形的变形条件等方面采取措施来降低极限拉深系数。

1）选择合适的材料

屈强比 σ_s / σ_b 小、延伸率 δ 大的材料，其拉深成形性能好，拉深系数降低。提高材料的厚向异性指数 r 和应变刚指数 n。对于提高材料成形极限效果显著。r 值越大，薄板材料越不易在厚度方向发展变形，危险断面不易变薄、拉裂，极限拉深系数也就越小；材料的 n 值越大，其所能承受的极限拉伸变形量越大，危险断面的严重变薄和拉裂现象可相应推迟，极限拉深系数也越小。

2）凹模圆角半径

凹模圆角半径太小，材料在拉深成形过程中的弯曲阻力增加，从而使筒壁传力区的最大拉应力增加，危险断面易拉裂；凹模圆角半径太大，又会减小凸缘材料的有效压料面积，使凸缘材料易起皱。因此应合理选择凹模圆角半径有助于降低极限拉深系数：

3）凸模圆角半径

凸模圆角半径虽然对筒壁传力区拉应力影响不大，但却影响危险断面的强度。凸模圆角半径太小，材料绕凸模弯曲的拉应力增加，危险断面的强度降低。凸模圆角半径太大，则会减少传递凸模载荷的承载面积，还会减少凸模断面与材料的接触面积，增加坯料的悬空部分，易使悬空部分起皱。因此选择合理的凸模圆角半径有助于降低极限拉深系数。

4）材料的相对厚度 t/D

表 2.4.2 给出了极限拉延系数随相对厚度的变化，可见 t/D 值对材料的极限拉深系数有很大的影响。提高 t/D 值，有助于增大材料的拉深成形极限，降低极限拉深系数。其原因是 t/D 值增大，拉深成形时凸缘材料抵抗失稳起皱的能力增大，从而可以减小压料力，减少摩擦损耗。

5）凸、凹模间隙

坯料在拉深成形过程中有增厚现象，合理的凸、凹模间隙既有利于材料的塑性流动，又不会影响拉深成形零件的准确度。

6）摩擦和润滑条件

在凹模面和压料圈面与材料接触的部分进行有效润滑，可降低筒壁承受的拉应力，能提高材料的拉深成形极限。而毛坯与凸模面之间摩擦有减少危险断面的拉应力作用。所以生产中常采用毛坯单而润滑法。

由于各种拉深件的深度与直径的比值不同，有的可以只用次拉深工序制成，有的则需要多次拉深工序才能制成。拉深的次数关系到拉深件的质量和经济性。拉深次数的确定，既要保证拉深能够进行，不发生破裂或起皱，又要充分利用材料的塑性变形能力。

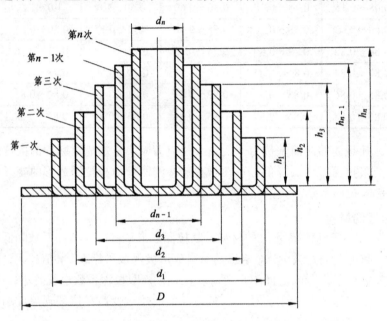

图 2.4.7　多次拉深时圆筒形件尺寸的变化

以后各次拉深系数：

$$m_n = \frac{d_n}{d_{n-1}}$$

式中　m_n——第 n 次拉深工序的拉深系数；

　　　d_n——第 n 次拉深工序后圆筒形件的直径；

　　　d_{n-1}——第 n 次拉深工序所用的圆筒形件的直径；

总拉深系数 $m_总$ 表示从毛坯 D 拉至 d_n 的总变形程度，即：

$$m_总 = \frac{d_n}{D} = \frac{d_1}{D}\frac{d_2}{D_1}\frac{d_3}{D_2}\frac{d_4}{D_3}\cdots\frac{d_{n-1}}{D_{n-2}}\frac{d_n}{D_{n-1}}$$

2. 毛坯尺寸的确定

拉深成形零件的毛坯展开尺寸是根据塑性变形体积不变的条件计算的。如果不考虑板料厚度在拉深成形过程的变化，则可进一步简化为面积不变的条件。圆筒形拉深件采用平板毛坯，设毛坯直径为 D，其表面积为 $(\pi/4)D^2$。这样，在计算拉深件表面积后，可得到 D 的大小。

为便于计算拉深成形零件的表面积，先把拉深件加上修边余量 Δh（一般 Δh 取 $5 \sim 12$ mm）再将拉深件划分为若干形状简单的组成部分，如图 2.4.8 所示，分别计算各个部分的表面积相加后，得到拉深件的总面积 ΣF，从而可以确定毛坯的直径。

对于图 2.4.8，有：

$$D = \sqrt{(4/\pi)\Sigma F}$$

$$D = \sqrt{d^2 + 4dH - 1.72dr - 0.56r^2}$$

必须说明一点，上述的毛坯展开尺寸计算方法是比较近似的。在实际应用中，应当根据具体情况加以修正，这一点对于形状复杂的拉深件尤为重要。

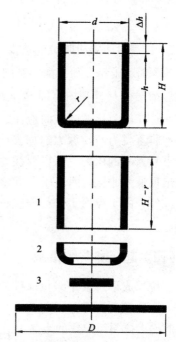

图 2.4.8　圆筒形拉深件毛坯尺寸的计算

3. 拉深力

拉深力和压料力是选择压力机的主要依据之一。拉深力与拉深系数、材料的力学性能、零件的尺寸、模具结构以及润滑有关，生产中常采用经验公式计算拉深力：

$$P = K\pi dt\sigma_\mathrm{b}$$

式中　K——修正系数，一般 $K = 0.95 \sim 0.5$，具体数值查有关冲压手册。

4. 压料力

为解决拉深过程中起皱问题，生产中主要措施是采用压料圈。是否需要采用压料圈，可由表 2.4.3 的条件决定。

表 2.4.3　可否采用压料圈的条件

拉深方法	第一次拉深		第二次拉深	
	$t/D\times100\,\%$	m_1	$t/D_{n-1}\times100\,\%$	m_n
用压料圈	1.5	<0.6	<1	<0.8
可用可不用	1.5 ~ 2.0	0.6	1 ~ 0.5	0.8
不用压料圈	>2.0	>0.6	>1.5	>0.8

在压料圈上施加的压料力 Q 的大小要适当。过大的压料力会使拉深件在凸模圆角处的"危险"断面过分变薄以至拉裂；压料力过小则起不到防皱的作用。压料力的大小按下式计算：

$$Q = Fq$$

式中　Q ——压料力，N；

　　F ——拉深开始时压料面积，mm^2；

　　q ——单位压料力，MPa。对于深拉深钢板，当 $t > 0.5\ mm$ 时，$q = (2.5 \sim 3.0)\ MPa$。

5. 拉深时压力机吨位的选择

拉深时，压料力和拉深力是同时产生的（单动压力机用弹性压料装置）。计算总拉深力 $P_{总}$ 时应包括压料力 Q 在内，即 $P_{总} = P + Q$。

在选择压力机的吨位时应注意：当拉深行程较大，特别是采用落料拉深复合模时，不能简单地将落料力与拉深力迭加去选择压力机吨位。因为压力机的公称压力是指压力机滑块在接近下死点时的压力，所以要注意压力机的压力曲线。如果不注意压力曲线，很可能由于过早地出现最大冲压力而使压力机超载损坏。

此外，由于拉深工作行程较长，消耗功较多，因此对拉深工作还需验算压力机的电机功率。

（四）起皱和防皱措施

在拉深成形过程中，拉深件的质量问题表现有：起皱、拉裂、表面划伤、形状歪扭和回弹等。在这些现象中，以起皱、拉裂对拉深件的质量影响最大，发生的机会最多，据统计，由于起皱、拉裂而导致的废品占总废品率的 $80 \sim 90\%$ 之多，因此分析、研究拉深过程中起皱、拉裂产生的原因及防止措施，对保证拉深工艺的顺利进行，以及保证拉深件的质量均有重要意义。

1. 起皱及原因

拉深件在拉深过程中，其凸缘部分由于切向压应力 σ_θ 过大，造成材料失稳，使得拉深件沿凸缘切向形成高低不平的皱纹，这种现象称为起皱[图 2.4.14（a）、（c）]。

拉深件的起皱直接影响其表面质量及尺寸精度，起皱严重时，还将引起板料在拉深过程中难于通过凸模和凹模之间的间隙，增大拉深变形力，甚至拉裂。

凸缘部分材料的失稳与压杆两端受压失稳相似，它不仅与凸缘切向压应力 σ_θ 有关，而且还与凸缘的相对厚度 $t/(D-d)$（相当于压杆的粗细）有关。屈服应力 σ_s 越大，$t/(D-d)$ 越小、则越易起皱。此外，材料的弹性模量越小，抵抗失稳的能力越小。

2. 防止起皱的措施

要防止起皱，一般不允许改变毛坯的相对厚度，因相对厚度是在冲压件设计时制定的（且此时这种冲压件的拉深系数是确定的）。因此在生产中主要从改变冲压件拉深变形时的变形方式以及受力特点出发，采用有效的措施来防止起皱。

防止起皱的具体措施有如下几点：

1）采用压料装置

当采用压料装置时，压料装置将毛坯变形部分紧紧压住，并对其作用一压料力 Q，以防止凸缘部分拱起而起皱。压料力 Q 大小要合适。压料装置分为弹性压料和刚性压料两类。

弹性压料装置有弹簧垫、橡皮垫和气垫等。弹簧垫和橡皮垫（图 2.4.9）结构简单，可安装在压力机工作台下或冲模的下模座上，弹簧或橡皮被压缩时产生的弹性力就是压料力。压料力随拉深深度的增加而增大，因此，弹簧垫和橡皮垫只适用于浅拉深。气垫安装在压力机工作台下，它利用压缩空气的作用所提供的压料力基本不随压力机滑块行程而变化，而且调整方便，所以应用很广。

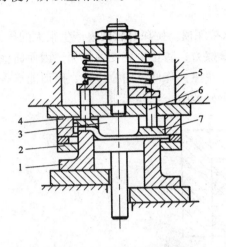

图 2.4.9　弹性压料装置

1—落料凸模拉深凹模；2—卸料板；3—拉深凸模；
4—落料凹模；5—弹簧；6—顶杆；7—压料圈

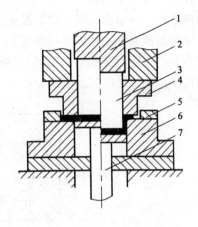

图 2.4.10　刚性压料装置图

1—内滑块；2—外滑块；3—拉深凸模；4—压料装置；
5—定位装置；6—拉深凹模；7—顶出装置

　　刚性压料装置多用于双动压力机上，如图 2.4.10 所示。压料圈固定在压力机的压料滑块上，拉深时压料圈的位置保持不动，使压料圈和凹模面之间的间隙固定不动，压料力不随拉深深度的变化而变化，且压料力足够大，局部调整也很方便。刚性压料装置适应于深拉深。

　　2）采用反拉深

　　反拉深是一种拉深方法，其坯件是已经过拉深的空心毛坯。拉深时将空心毛坯翻转装在拉深模上，凸模从空心毛坯底部反向压下，使其内壁外翻。由于凸模对毛坯的拉深方向与上一道工序相反，故称反拉深。反拉深的工作原理如图 2.4.11 所示。

　　采用反拉探，空心毛坯是扣装在凹模上，毛坯与凹模内的摩擦阻力较正拉深大，同时还增加了弯曲力，因而使变形区的径向拉应力增加较大，对防止冲压件的起皱有明显效果，但在毛坯外缘流经凹模入口处时，摩擦及弯曲等作用引起的阻力明显减小，故对大直径较薄材料的反拉深，还必须辅以压料，才能有效地防止冲压件起皱。

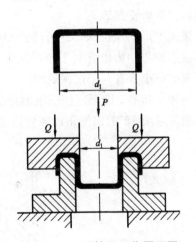

图 2.4.11　反拉深工作原理图

　　3）采用拉深筋

　　对于一些形状复杂的曲面拉深件，尤其是凸缘较小的拉深件，应设有拉深筋，以提高拉深时的径向拉应力来预防起皱。

　　拉深筋应设置在径向拉应力较小的部位上，即金属较容易流动的部位，对凸缘较小的零件，为了设置拉深筋，有时可适当增加一些材料（称工艺补充材料），修边时再将这部分去掉。

4）采用软模拉深

所谓软模就是指以橡皮、聚氨酯橡胶或液体充当凸模或凹模的冲压模具。它可用以完成弯曲、拉深、翻边、胀形等工序。采用软模可简化模具结构，降低模具成本，但由于生产效率低，往往只适用于小批生产。

如图 2.4.12 所示的软模，是以橡皮代替凹模的软拉深模。拉深时软凹模产生很大的压力，将毛坯紧紧地压紧在凸模上，增加毛坯与凸模间的摩擦力，防止毛坯变薄拉深，因而筒壁的传力能力强。拉深时还能减少毛坯与凹模间的滑动与摩擦，降低径向拉应力，因而能显著降低极限拉深系数，使拉深系数达 0.4 ~ 0.45，并且能很好地防止毛坯起皱。

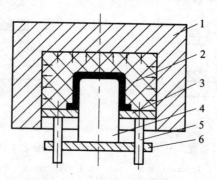

图 2.4.12　橡皮拉深示意图

1—模框；2—橡皮；3—压料圈；
4—凸模；5—顶杆；6—凸摸

5）采用锥形凹模

采用锥形凹模拉深，毛坯的过渡形状成曲面形，因而凸缘变形区具有更强的抗失稳能力，且能较好地防止起皱。

采用锥形凹模拉深，还可降低凹模圆角半径处的摩擦阻力和弯曲变形阻力；凹模锥面对毛坯变形的作用力也有利于变形区的切向压缩变形，这就使得拉深力相应减小，拉深系数也较平面凹模小，有利于拉深成形。

为防止起皱，锥形凹模的锥形角应取 30° ~ 60°，为了减少拉深力，锥形角应取 20° ~ 30°。

通常采用 30° 的锥形角以兼顾这两方面的要求。图 2.4.13 所示为锥形拉深凹模简图。

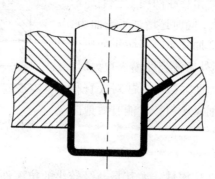

图 2.4.13　锥形拉深凹模简图

上面所介绍的防止起皱的措施，各有其特点，使用时应根据具体情况选择，有时往往是两种措施同时使用。

66

（五）拉裂及防裂措施

拉裂是拉深工艺中出现的主要问题之一。当筒壁处所受拉应力超过了材料的强度极限时，工件就会拉裂，如图 2.4.14（b）、（d），裂口一般出现在凸模圆角稍上一点筒壁处。

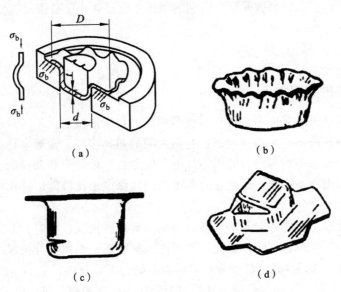

图 2.4.14　拉深件的起皱与拉裂

影响筒壁强度的因素有：毛坯材料的力学性能、毛坯直径及厚度、拉深系数、凸凹模圆角半径、压料力及摩擦系数，因此，为了防止工件严重变薄、拉裂，在拟定拉深工艺、设计模具及进行生产时，应采取有效措施来预防拉裂。

1. 合理选用材料

工件材料的选用除应满足工件需要外，还应考虑工艺的要求。一般说来，选用材料应考虑下列几个指标：

屈强比 σ_s/σ_b 要小。屈强比小，屈服应力 σ_s 小，凸缘材料易变形；强度极限 σ_b 高，材料不易破裂。

厚向异性指数 r 要大。r 值越大，壁厚应变小，筒壁变薄小，不易破裂。

2. 正确确定凸凹模圆角半径

通常凹模圆角半径 $r_凹$，可取 $r_凹 = (6\sim 10)t$。薄料取上限，厚料取下限。

凸模圆角半径 $r_凸$，可取 $= (0.7\sim 1.0)r_凸$。

3. 合理选取拉深系数

拉深系数取得过小，虽可加大变形程度，减少拉深次数，但却大大增加拉深力，使工件筒壁严重变薄。甚至导致拉裂。例如：用同样的凹模圆角半径、同样的润滑条件，对板厚 1 mm 的 10# 钢进行拉深。采用拉深系数为 0.656 时，筒壁危险断面处变薄量为 5.7%，而拉深系数为 0.475 时，变薄量增至 13.5%。

因此，在选取拉深系数时，应全面考虑，不要片面追求过小的拉深系数。

4. 正确进行润滑

拉深时，采用必要的润滑，有利于拉深工艺的顺利进行，筒壁变薄得到改善，但必须注意润滑剂只能涂在与凹模压料圈接触的毛坯表面上，而在与凸模接触的毛坯表面上千万不要润滑，因凸模与毛坯表面的摩擦是属于有利的摩擦。它可防止工件滑动、变薄。

四、盒形零件的拉深

（一）盒形件的拉深特点

盒形件的拉深成形与圆筒形件的拉深成形相比，在变形性质上是一致的，变形区的材料都是在拉、压应力状态下产生塑性变形；它们之间的差异在于：盒形零什拉深变形时，沿变形区周边的应变分布是不均匀的，并因零件的几何参数、坯料形状及拉深成形条件的不同，这种不均匀变形程度也不相同。因此，盒形零件的拉深成形比圆筒形件拉深成形的变形情况要复杂得多。

盒形件可以看成由直边部分及圆角部分组成。盒形件拉深成形时，圆角部分近似圆筒形件拉深，直边部分近似板料弯曲。因此，盒形件拉深成形是圆角部分拉深、直边部分弯曲两种变形方式的复合。盒形件拉深的变形特点可以归纳为下面几点：

（1）盒形件拉深时，圆角部分变形基本与圆筒形件拉深相似，只是由于金属向直边流动，使得径向应力 σ_ρ 及切向应力 σ_θ 在圆角部位的分布是不均匀的，圆部中部最大，逐渐向两边减小，如图 2.4.15 所示。

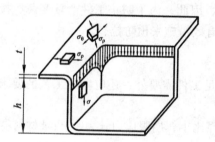

图 2.4.15　盒形件拉深时应力分布

（2）拉深时，直边部分除弯曲变形外，在与圆角的连接部分，还有横向压缩及纵向伸长，因而其应力也包括纵向拉应力和横向压应力两部分。

（3）盒形件拉深时，圆角部分的径向拉应力是分布不均匀的，而其平均拉应力比之相同半径的圆筒件径向拉应力要小得多。因而盒形件的极限变形程度可相应地加大，拉延系数可相应地减小。

（4）盒形件的最大应力出现在圆角部，因而破裂、起皱等现象也多在圆角部产生。在远离圆角部的直边部分一般不会产生起皱。

（5）盒形件变形时，圆角与直边相互影响的大小，取决于其相对圆角部圆角半径 r/B 的比值。r/B 数值越小，两者的变形影响越显著，圆角部的变形情况与圆筒形件的变形情况差别越大。当 $r/B = 0.5$ 时，盒形件就变成圆筒件了。

（6）盒形件拉深时，容易出现拉裂的形式，除了在圆角侧壁底部与凸模圆角相切处发生的拉裂外（拉深拉裂），还会因凹模圆角半径过小等原因，引起盒形件凸缘根部圆角附近侧壁产生拉裂——侧壁破裂。

（二）盒形件的首次拉深极限

盒形件的拉深变形程度，主要受到圆角部分侧壁强度的限制。而其拉深的极限变形程度，可用盒形件的相对高度 H/r 来表示。毛坯首次拉深可能达到的最大相对高度 H/r，取决于盒形件的相对圆角部半径 r/B 以及毛坯的相对厚度 t/B 等参数，还取决于材料的力学性能。

相对圆角部半径 r/B 反映盒形件角部与直边相互影响的大小，r/B 愈小，影响愈大，所允许的 H/r 也愈大。

毛坯的相对厚度 r/B，反映盒形件抗失稳的能力强弱，t/B 愈大，抗失稳能力愈强，而允许的 H/r 也愈大。

四、非直壁旋转件的拉深

（一）球形件的拉深变形特点

对于球形、抛物线及锥形等非直壁类托深件，其变形区除凸缘环形部分外，在凹模口内的毛坯材料也参与变形。在很多情况下，凹模口内的材料反而成为这类拉深的主要变形区。

现以球形拉深件为例，分析其拉深过程的应力与应变状态（见图 2.4.16）球形件拉深时，其凸缘部分与圆筒形件相似：径向受拉、切向受压，厚向受到压料力作用，而凹模口内的毛坯的受力情况与圆筒形件大不相同。

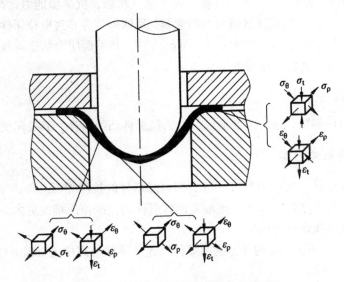

图 2.4.16　球形件拉深的应力与应变

在开始拉深时，凹模口内毛坯与凸模只有小区域接触，径向应力和切向应力都较大，使接触区的材料屈服而变薄，并紧紧地贴合凸模，很明显，这部分材料处于切向、径向两向受拉，厚向受压的应力状态，为胀形应力状态，故称这一区域为胀形变形区。随着拉深变形的进行，凸模贴模区逐渐增大，作用到贴膜区的单位压力逐渐减小，毛坯变薄也减小。因而毛坯的变薄量是从球形件顶端往外逐渐减小。

在凹模口内，有一部分材料既不与凹模接触也不与凸模接触，称为悬空状态的毛坯。这部分毛坯，也和凸缘一样，径向受拉、切向受压。由于切向压力的作用，材料也要增厚，材料的增厚量从凹模口起，向内逐渐减小。因而在凹模门内，接近贴模处，必然存在着这样一环材料，这环材料既不增厚也不减薄（见图 2.4.17 中点 4 所处位置）。可称这环材料为变形过渡环。变形过渡环以外为拉深变形区以内为胀形变形区。应该指出的是，变形过渡环是在贴模区以外，即胀形变形区略大于贴模区。

按应力应变状态，可将球形件分为 3 个区域。

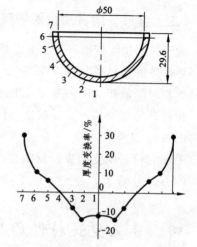

图 2.4.17　球形件拉深后壁厚的变化

1. 胀形变形区

从球形件顶端到变形过渡环部分，是胀形变形区。材料受两向拉伸，一向压缩。其应力：σ_ρ、σ_θ，为拉应力，σ_t 为压应力；其应变：ε_ρ、ε_θ 为伸长应变，ε_t 为压缩应变。

2. 拉深变形区

从凹模口到变形过渡环的圆环部分，是拉探变形区。这部分材料径向受拉，切向受压，厚向不受力，且材料与凸、凹模都不接触，处于悬空状态，抗失稳能力比凸缘部分差，起皱可能性更大（内皱）。因而防止这区域材料的起皱。是球形件等非直壁拉深件存在的主要问题。

其应力：σ_ρ 为拉应力，σ_θ 为压应力，而 σ_t 为零，是平面应力状态；其应变：ε_ρ 为拉伸应变，ε_θ 为压缩应变，ε_t 为压缩应变。

3. 凸缘变形区

压料圈下的圆环部分，是拉深变形区，与圆筒形件凸缘一样，其径向受拉，切向受压。

（二）抛物线形件拉深

抛物线形件的拉深，其应力与变形特点都与球形件的拉深相似。但由于抛物线形件曲面部分的高度与口部直径之比，即高径比 h/d 比球形件大，故拉深难度更大。

在生产中将抛物线件分为两类。

（1）高径比 $h/d < 0.5 \sim 0.6$ 的浅抛物线零件，这类零件的高径比与球形件一致，因而其拉深方法也与球形件一致。

（2）高径比 $h/d > 0.6$ 的深抛物线零件，这类零件拉深，主要问题是防止起皱。通常要采用多次拉深或反拉深方法进行。

在顶部圆角半径较大时，仍可采用有两道拉深筋的模具，以增加径向拉应力的方法，直接拉出，如汽车灯罩的拉深，如图 2.4.18 所示。但在零件深度大，顶部圆角半径又较小时，

70

单纯增加径向拉应力会导致坯料顶端开裂，因而必须采用多道工序逐步成形的方法进行拉深。其主要特点是：第一道工序采用正拉深法拉出深度较小而顶端圆角较大的中间坯件，在以后的工序中采用正拉深或反拉深的方法，再逐渐增加深度和缩小顶端圆角半径，直到最后成形。为了保证工件的精度及表面质量，在最后一道工序时，要使中间坯件的面积略小于最后成形工件的面积，以获得胀形效果。

目前，对一些复杂的抛物线工件已广泛采用液压拉深方法成形。采用液压拉深时，毛坯在液压力的作用下，在凸模与凹模的间隙处形成与拉深筋相似的凸筋，同时并使毛坯紧贴凸模，这样成形的零件壁厚均匀，尺寸精确，表面光滑美观，如图 2.4.19 所示。对于高径比大于 0.6 的某些深抛物线形件，利用普通拉深要多次才能成形，但采用液压拉深，一次即可成形。

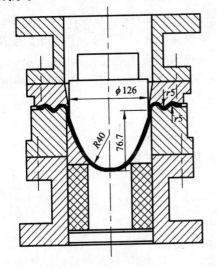

图 2.4.18 汽车灯罩的拉深图

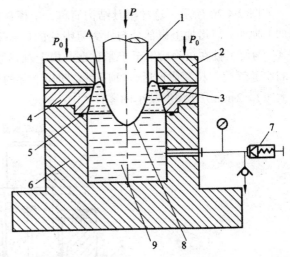

图 2.4.19 液压拉深示意图

1—凸模；2—压料圈；3、5—密封圈；4—凹棋；6—液压腔；7—液压系统；8—工件；9—液垫；A—形成的凸筋

五、拉深模

（一）拉深模种类及设计要点

1. 拉深模种类

根据拉深工艺特点，拉深模分为有压料和无压料装置两种；从压料装置结构上分，拉深模有刚性压料模和弹性压料模两种；从拉深工序次数上又分为首次拉深模和多次拉深模，从坯料变形方向上，分划顺拉深模和反拉深模；此外，从工序特点上还有复合拉深模、连续拉深模。

2. 拉深模的设计要点

（1）在进行拉深工艺设计时，材料要产生大的流动，因此应采用必要的措施以保证毛坯各个方向变形均匀，对非圆形毛坯更要慎重处理。常用的方法是：调节压料力，增设拉深筋

（槛）等。

（2）起皱是拉深工艺常见的弊病，因此在设计拉深模时，首先要确定是否采用压料装置，采用何种压料装置。压料方式、压料装置形式和压料圈面积等都直接影响拉深件质量，因而要设计得合理、正确。

（3）压料装置的设计要有利于工件的成形，也要有利于坯料的送进及工件的取出。

（4）拉深凸模要考虑排气孔，拉深凹模要考虑润滑。

（5）根据需要，在拉深模上考虑设置拉深深度限程器或压料限程器。

（二）拉深模结构

1. 无压料装置的简单拉深模

如图 2.4.20 所示，这种模具结构简单，上模往往是整体的。当凸模 3 直径过小时，则还应加上模座，以增加上模部分与压力机滑块的接触面积，下模部分有定位板 1、下模座 2 与凹模 4。为使工件在拉深后不至于紧贴在凸模上难以取下，在拉深凸模 3 上应有直径 $\phi 3\,mm$ 以上的小通气孔。拉深成形后，冲压件靠凹模下部的脱料颈下刮。这种模适用于拉深材料厚度较大（$t > 2\,mm$）及深度较小的零件。

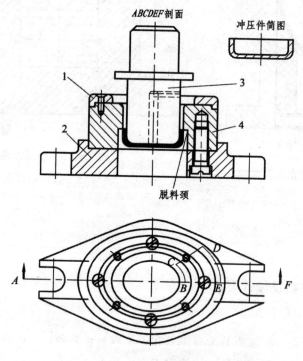

图 2.4.20　无压料装置的首次拉深模

1—定位板；2—下模座；3—拉深凸模；4—拉深凹模

2. 有压料装置的简单拉深模

有压料装置的拉深模用于材料薄及拉深深度大易于起皱的工件。图 2.4.21 所示为弹簧装在上部的模具，由于上模的空间有限，不能安装粗大的弹簧，因而这种模具仅适用于需要压料力小的拉深件。

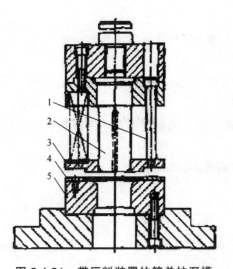

图 2.4.21　带压料装置的简单拉深模

1—压料螺钉；2—拉深凸模：3—压料圈；

4—定位板；5—拉深凹模

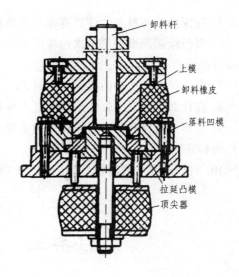

卸料杆

上模

卸料橡皮

落料凹模

拉延凸模

顶尖器

图 2.4.22　落料拉深复合模

【任务实施】

落料拉深复合模拆装作业如表 2.4.4 所示。

表 2.4.4　落料拉深复合模拆装作业表

（1）学习落料拉深复合模的结构； （2）掌握落料拉深复合模的拆装方法			
落料拉深复合模的拆装注意事项	（1）一定要结合装配图弄清模具的装配顺序； （2）确定合理的装配基准； （3）工具的正确使用		
任务实施过程	作业内容	作业要领	检查记录
	落料拉深复合模的拆装工具选用	不同型号的内六角扳手、铜棒、榔头、样冲、平板、等高垫铁等	
	落料拉深复合模的拆装	装配完毕后进行试模	
	装配结论		

【项目训练】

1. 拉深变形具有哪些特点？用拉深方法可以制成哪些类型的零件？
2. 拉深件的主要质量问题有哪些？如何控制？
3. 拉深件的危险断面在何处？在什么情况下会产生拉裂现象？
4. 何谓回筒形件的拉深系数？影响拉深系数的因素主要有哪些？

5. 拉深件的坯料尺寸计算遵循哪些原则？

6. 带凸缘圆筒形件需多次拉深时的拉深方法有哪些？为什么首次拉深时就应使凸缘直径与零件凸缘直径（加切边余 t）相同？

7. 带凸缘圆筒形件的拉深系数越大，是否说明其变形程度也越大？为什么？

8. 在什么情况下，弹性压料装置中应设限位柱？

9. 盒形件拉深有什么特点？为什么说在同等截面周长的情况下盒形件比圈筒形件的拉深变形要容易？

10. 拉深过程中润滑的目的是什么？哪些部位需要润滑？

任务五　局部成形工艺

【任务分析】

本任务是对如图 2.5.1 所示的加强筋零件选择合适的成形工艺，进行相应的工艺计算，并进行试模。

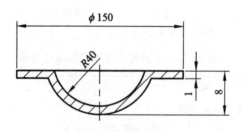

图 2.5.1　加强筋

材料为 08F，料厚 1 mm，$\delta = 32\%$，$\sigma_b = 380$ mpa

重点掌握局部成形的变形特点，局部成形的工艺方法，局部成形的模具结构。

【相关知识】

用各种不同变形性质的局部变形来改变毛坯（或由冲裁、弯曲、拉深等方法制成的半成品）的形状和尺寸的冲压成形工序称为局部成形。或者说除弯曲和拉深以外的使板料产生塑性变形的其他冲压成形工序都可称为局部成形。主要有胀形、翻边、缩口、校平、整形和旋压等工序，本章仅介绍汽车车身制造中应用广泛的胀形、翻边、校平和整形工序。

一、胀形工艺

利用模具强迫板料厚度减薄和表面积增大，得到所需几何形状和尺寸的制件，这种冲压成形方法称为胀形。常用的胀形有起伏胀形、圆柱形毛坯（或管形毛坯）的胀形和平板毛坯的胀形。汽车覆盖件等形状复杂的零件成形也经常包含胀形成分。

胀形可采用不同的方法来实现,如刚性凸模胀形(见图 2.5.2)、橡皮凸模胀形(见图 2.5.4)和液压胀形(见图 2.5.5)。

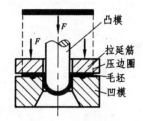

图 2.5.2　刚性凸模胀形

图 2.5.3　胀形时应力与应变

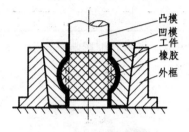

图 2.5.4　橡皮凸模胀形

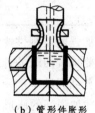

(a)圆筒形件胀形　(b)管形件胀形

图 2.5.5　液体凸模胀形

(一)胀形成形的特点

图 2.5.2 所示为球形凸模刚性胀形平板毛坯。胀形时,毛坯被带筋的压料圈压紧,变形区限制在筋以内的毛坯下(即凸模作用的局部区域),在凸模作用下,与球头面接触的板料处于两向受拉的应力状态(忽略板厚的应力)。沿切向和径向产生拉伸变形(见图 2.5.3),使板料厚度减薄,表面积增大,得到与凸模球头面形状一致的凸包。由于胀形时板料处于双向拉应力状态,板料不会产生压缩失稳,主要是防止拉伸破裂。

胀形是否超过成形极限,以制件是否发生破裂来判别。影响胀形成形极限的因素有:变形区应变分布,制件的形状和尺寸;材料的延伸率 δ 和应变刚指数 n;润滑条件;变形速度以及板料厚度。

(二)胀形工艺方法

1. 冲压加强筋

加强筋能否一次冲压成形,与筋的几何形状和材料性质有关。

能够一次成形加强筋的条件为:

$$\varepsilon_\rho = \frac{L - L_0}{L_0} \leqslant (0.70 \sim 0.75)\delta$$

式中　　ε_ρ ——断面变形程度;

L_0 ——变形区横断面的原始长度;

L ——成形后加强筋的断面轮廓长度;

δ ——材料的延伸率;

常用的加强筋的形式和尺寸见表 2.5.1。

表 2.5.1　加强筋的形式和尺寸（mm）

简图	R	h	B 或 D	r	D
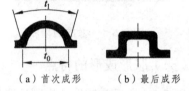	$(3 \sim 4)t_0$	$(2 \sim 3)t_0$	$(7 \sim 10)t_0$	$(1 \sim 2)t_0$	—
	—	$(1.5 \sim 2)t_0$	$\geq 3h$	$(0.5 \sim 1.5)t_0$	$15 \sim 30$

加强筋与制件边缘的距离，应大于（3 ~ 5）t_0，以防止边缘材料收缩影响外形尺寸和美观。否则要加大边缘的外形尺寸，压形后再修边。

若加强筋不能一次成形，则应采用多次冲压成形，如图 2.5.6 所示。

冲加强筋的胀形力 P 按下式计算：

$$P = KLt\sigma_b$$

式中　P——胀形力，N；

　　　L——加强筋长度；

　　　t——板料的厚度；

　　　σ_b——材料的强度极限，MPa；

　　　K——系数，取 0.7 ~ 1.0，加强筋形状窄而深时，取较大值；宽而浅取较小值。

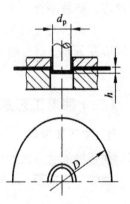

（a）首次成形　　（b）最后成形

图 2.5.6　两道工序成形的加强筋

2. 冲压凸包

图 2.5.7 所示为冲压凸包的示意图。其成形特点与拉深不同。如果毛坯直径与凸模直径的比值小于 4，成形时毛坯凸缘将会收缩，则属于拉深成形；若大于 4，则毛坯凸缘不易收缩，属于胀形性质（即压凸包）。

冲压凸包时，凸包高度受材料塑性限制，不能太大。表 2.5.2 列出了平板上局部冲压凸包时的许可成形高度。凸包成形高度还与凸模形状及润滑有关。例如，采用平底球头凸模时，凸模高度可达球径的 1/3，而换用平底凸模时，高度就会减少，原因是平底凸模的底部圆角半径 r_p 对凸模下面的材料变形有制约作用。凸包深度主要取决于 r_p，r_p 大有利于凸包高度增大。改善球头凸模头部的润滑条件，有利于增大凸包的成形高度。

图 2.5.7　压凸包

表 2.5.2　平板局部冲压凸包的许可成形高度（mm）

简图		材料	数值
简图		软钢	$h_p \leq (0.15 \sim 0.2)d$
		铝	$h_p \leq (0.1 \sim 0.15)d$
		黄铜	$h_p \leq (0.15 \sim 0.22)d$

如果制件要求的凸包高度超出表 2.5.2 列出的数值，则可采用类似多道工序压筋的办法冲压凸包。第一次可先用球形凸模预成形到相应深度后，在第二次再用平底凸模将其成形到所要求的高度。

如果局部成形的变形量较大时，单靠凸包部分的材料变薄是不够的，还需相邻的材料流动来补充，因此，必须先成形凸包部分，然后再成形周围部分。若制件底部中心允许有孔，可以预先冲出小孔，使其中小部分的材料在冲压过程中向外流动，这样就可以避免凸包高度过大的变形量超过材料的极限延伸率。

多个凸包冲压成形时，要考虑到凸包之间的相互影响，凸包之间的距离见表 2.5.3。

表 2.5.3　压凸包间距和凸包距边缘的极限尺寸（mm）

简　图	D	L	t
	6.5	10	6
	8.5	13	7.5
	10.5	15	9
	13	18	11
	15	22	13
	18	26	16
	24	34	20
	31	44	26
	36	51	30
	43	60	35
	48	68	40
	55	78	45

二、翻边工艺

利用模具把板料上的孔缘或外缘翻成竖边（侧壁）的冲压方法叫作翻边。用翻边的方法加工形状较为复杂且有良好刚度的立体制件，还能在冲压件上制取与其他零件装配的部位（如铆钉孔、螺纹底孔和轴承孔等）。翻边可代替某些复杂零件的拉深工序，改善材料塑性流动以免发生破裂或起皱。用翻孔代替先拉深后彻底的方法制取无底零件，可减少加工次数，并节省材料。

（一）圆孔翻边（翻孔）

1. 圆孔翻边的特点

图 2.5.8 所示为圆孔翻边的示意图。翻孔时，带有圆孔的环形毛坯被压料圈压紧，变形区限制在凹模圆角以内（凸模下的区域），并在凸模的压力作用下，随着凸模下降，毛坯中心的圆孔不断扩大，凸模下面的材料向侧壁转移，直到完全贴靠凹模侧壁，形成直立的竖边。

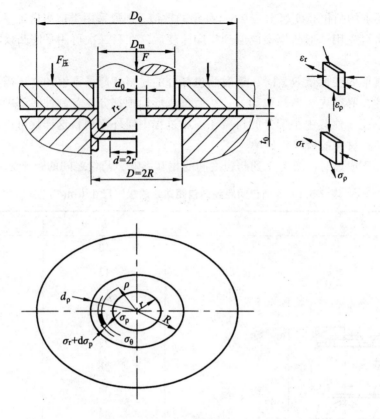

图 2.5.8　圆孔翻边

　　在翻孔变形区，应力为平面应力状态：径向受拉，切向受拉；应变为立体应变状态，径向和切向均为伸长应变，厚度减薄。翻孔结束时，孔边缘只受切向拉应力作用，厚度减薄最为严重。因此，主要危险在于孔缘拉裂（见图 2.5.9）。圆孔翻边属伸长类变形。

　　在圆孔翻边的中间阶段，如果停止变形，就会得到如图 2.5.10 所示的成形方式，这种成形方式叫作扩孔，是伸长类翻边的特例。

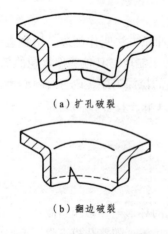

（a）扩孔破裂

（b）翻边破裂

图 2.5.9　伸长类翻边破裂

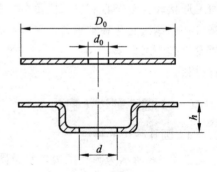

图 2.5.10　扩孔成形

2. 圆孔翻边时的成形极限

圆孔翻边的变形程度用翻边系数 K 表示：

$$K = \frac{d_0}{D_m}$$

式中　d_0——毛坯上圆孔的初始直径；

　　　D_m——翻边后竖边的中径；

翻边系数 K 值越大，变形程度越小；K 值越小，变形程度越大。圆孔翻边的成形极限是根据孔缘是否发生破裂来确定。翻边时孔不致破裂所能达到的最小翻边系数称为极限翻边系数 K_{min}。

改善圆孔翻边成形性的措施如下：

（1）提高材料的塑性。材料延伸率和硬化指数大，K_{min} 较小，有利于翻边。

（2）翻边圆孔边缘无毛刺和硬化层时，K_{min} 较小，成形极限大。因此可在冲孔后进行修整，消除毛刺、撕裂带和硬化层或在冲孔后退火，为消除孔缘表面的硬化，也可以用钻削代替钻孔。为了避免毛刺而降低成形极限，翻边时需将预制孔有毛刺的一面朝向凸模放置。

（3）用球形、锥形和抛物线形凸模翻边时，孔缘会被圆滑地胀开，变形条件比平底凸模优越。

（4）板料相对厚度大，在断裂前可能产生的绝对伸长变形越大，K_{min} 较小，成形极限就大。

3. 圆孔翻边工艺

由于圆孔翻边时板料主要是切向拉伸变形，厚向变薄，而径向变形不大。因此，圆孔翻边的毛坯计算可按弯曲件中性层长度不变的原则，用翻边高度计算翻边圆孔的初始直径 d 或用 d 和翻边系数 K 计算可以达到的翻边高度。采用先拉深后翻边的方法时，还要计算出翻边前的拉深高度 h_1。

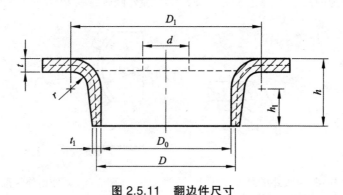

图 2.5.11　翻边件尺寸

1）一次翻边成形

翻边高度不大时，可将平板毛坯一次翻边成形。如图 2.5.11 所示，一次翻边成形时，翻边圆孔的初始直径 d 翻边高度 h 和翻边系数 K 之间的关系为：

$$d = D - 2(h - 0.43r - 0.72t)$$

必须指出，$K \geqslant K_{min}$，否则不能一次翻边成形。

2）先拉深后翻边

$$h = \frac{D}{2}(1-K) + 0.43r + 0.72t$$

若制件要求的翻边高度较大，可采用先拉深、冲底孔后翻边的方法。这时，先确定翻边高度 h_2，再确定翻边圆孔的初始直径 d_0 和拉深高度 h_1，如图 2.5.12 所示。

$$h_2 = 0.5D_m(1-K) + 0.57r$$

$$d_0 = D_m + 1.14r - 2h_1$$

$$h_1 = h - h_2 + r + t_0$$

对于翻边高度较大的制件，除采用先拉深后翻边的方法外，也可以采用多次翻边方法成形，但在工序间需要退火，且每次所用的翻边系数应比前次增大 15～20%。

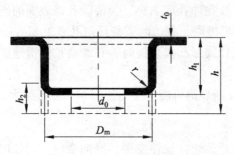

图 2.5.12　先拉深后翻边

（二）外缘翻边

外缘翻边可分为内凹处缘翻边（见图 2.5.13）和外凸外缘翻边（见图 2.5.14）。

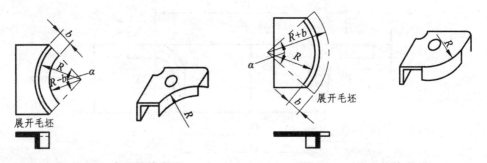

图 2.5.13 内凹外缘翻边　　　　　　图 2.5.14 外凸外缘翻边

1. 内凹外缘翻边

用模具把毛坯上内凹的外缘翻成竖边的冲压加工方法叫做内凹外缘翻边。

内凹翻边的应力与应变情况与圆孔翻边相似，所以也属于伸长类翻边。内凹翻边的变形程度用翻边系数 K_f 表示。

$$K_f = \frac{R-b}{R}$$

内凹翻边的成形极限根据翻边后竖边的边缘是否发生破裂来确定。如果变形程度过大，竖边边缘的切向伸长和厚度减薄也较大，容易发生破裂，故 K_f 不能太小。

内凹的外缘翻边，其毛坯变形区的切向拉应力和切向的伸长变形沿翻边线的全长的分布也是不均匀的，在两端的自由表面的切向拉应力和切向伸长变形都为零，翻边后两端的边缘线不与零件平面垂直而向内倾斜，而且竖边的高度也是两端高中间低。为了改善这种状况，也必须对毛坯的形状作必要的修正，如图 2.5.15 中的虚线所示。

伸长类翻边的极限变形程度受毛坯破裂的限制。解决拉裂的方法主要是缺少材料的补充问题，即所谓的"集中法"。如把凹模做成如图 2.5.17 所示的形状时，可以使翻边首先从毛坯的两端先开始，以后逐渐地扩展到毛坯的中间部分，这样就能把材料向中间"集中"，以补偿中间部分因拉伸变形而变薄的程度，从而减少拉裂的可能性。

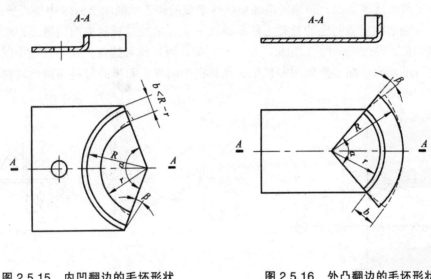

图 2.5.15　内凹翻边的毛坯形状　　　　图 2.5.16　外凸翻边的毛坯形状

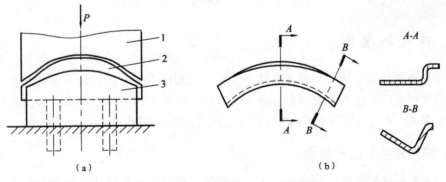

图 2.5.17　内凹翻边凹模形状的修正

1—凸模；2—压料板；3—凹模

2. 外凸外缘翻边

用模具把毛坯上外凸的外边缘翻成竖边的冲压加工方法叫外凸外缘翻边，如图 2.5.14 所示。

外凸外缘翻边的应力和应变情况与不用压料圈的浅拉深相似，竖边受切向压应力作用，产生较大的压缩变形，导致材料厚度有所增加，容易起皱，属于压缩类翻边。

外凸外缘翻边的变形程度用翻边系数表示：

$$M_f = \frac{R}{R+b}$$

外凸外缘翻边时，由于切向受压应力，容易起皱，成形极限主要受压缩起皱的限制。当翻边高度较大时，起皱趋势增大，为了避免起皱，可采用压料装置。

外凸外缘翻边时，竖边高度不能太小，当高度小于$(2.5 \sim 3)t_0$时，回弹严重，必须加热后再翻边或加大翻边高度，在翻边后再切去多余部分。

由于毛坯边缘的宽度相等而在宽度方向上的变形不同，两端的金属由于受挤压而向外扩展，这就形成了两端的边缘线不与零件平面垂直而向外倾斜，而且竖边的高度也是两端低而中间高。为了改善这种状况，必须对毛坯形状作必要的修正，如图2.5.18中虚线所示。

外凸外缘翻边的起皱问题的处理方法是解决堆积起来的材料的去向问题，即所谓的"分散法"。例如把凹模做成如图2.5.18所示的形状时，可以使翻边首先从毛坯的中间开始，从而使中间部分的切向压缩变形向两侧扩展，这就把中间堆积起来的材料向两边转移了，从而减小了起皱的可能性。

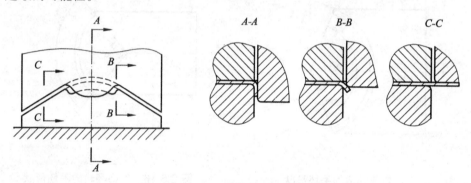

图2.5.18　外凸外缘翻边凹模的修正

三、校平和整形

利用模具使坯件或冲压件局部或整体产生不大的塑性变形，以消除平面度误差和提高制件形状及尺寸精度的冲压成形方法称作校平与整形。这种工序大都在冲裁、弯曲、拉深之后进行。一般来说，对于表面形状和尺寸精度要求高的冲压件都要经过校平与整形。

（一）校平和整形工艺特点

校平和整形允许的变形量都很小，因此必须使坯件的形状和尺寸相当接近制件。校平和整形后制件精度较高，因而对模具成形部分的精度要求也相应地提高。

校平与整形时，应使坯件的应力、应变状态有利于减少卸载过程中由于材料的弹性变形而引起制件形状和尺寸的弹性恢复。在各种不同整形工艺中，由于制件的形状和精度要求不同，坯件所处的应力状态和产生的变形都不一样，要比一般成形过程复杂得多。

由于校平与整形需要在压力机的下死点进行，因此，对所使用设备的刚度、精度要求较高，通常都在专用的精压机上进行。若采用普通的压力机，则必须设有过载保护装置，以防损坏设备。

（二）校 平

校平工序多用于冲裁件，消除其拱弯造成的不平。对较厚板料通常采用齿形校平模，如图 2.5.19 所示（图中 t 是板厚）。

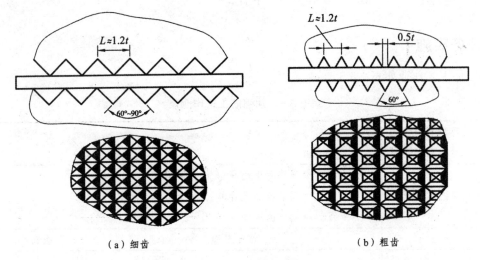

（a）细齿　　　　　　　　　　　（b）粗齿

图 2.5.19　校平模齿形

（三）整 形

整形一般用于弯曲、拉深等成形工序之后，整形模与一般成形模具相似，只是工作部分的定形尺寸精度高，粗糙度值要求更低，圆角半径和间隙值都较小。

整形时，必须根据制件形状的特点和精度要求，而正确地选定产生塑性变形的部位、变形的大小和适当的应力状态。

拉深件的整形用负间隙拉深整形法（见图 2.5.20），其拉深模的间隙可取 $0.9 \sim 0.95t$（t 为板厚）。这种整形方法，可以把整形工序与最后一道拉深工序结合为一道工序来完成。

弯曲件的镦校（见图 2.5.21）所得到的制件尺寸精度较高，是目前常采用的一种校形方法，但是对于带有孔的弯曲件或宽度不等的弯曲件，不宜采用，因为镦校时易使孔产生变形。

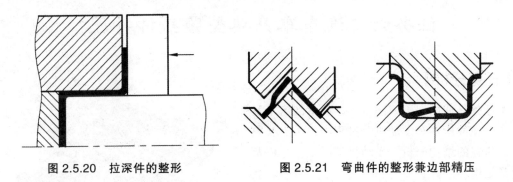

图 2.5.20　拉深件的整形　　　　　图 2.5.21　弯曲件的整形兼边部精压

（四）校平、整形力的计算

用模具校平与整形时的压力，主要取决于材料的力学性能、板料厚度等因素。校平、整形力可按下式计算：

$$P = Fq$$

式中　P ——校平整形力，N；

　　　F ——校平面积；

　　　q ——单位压力，MPa，查有关冲压手册。

【任务实施】

加强筋工艺作业如表 2.3.5 所示。

表 2.3.5　加强筋工艺作业表

（1）学习加强筋的工艺设计； （2）熟悉冲压加强筋的模具工作过程			
冲压加强筋注意事项	（1）注意加强筋冲压过程中的变形特点； （2）注意加强筋的工艺计算； （3）压力机吨位的选择		
任务 实施 过程	作业内容	作业要领	检查记录
	冲压加强筋 工具选用	压力机、钢板等	
	冲压加强筋	根据工艺设计对加强筋进行冲压加工	
	冲压结论		

【项目测练】

1. 各局部成形工序在变形过程中的共同点是什么？又有哪些不同点？
2. 试分别各列举 2~3 种胀形件、翻边件、翻孔件和缩口件实例。
3. 工件在什么情况下需要整形？整形工序一般安排在工件冲压过程中的什么位置？

任务六　汽车车身典型覆盖件冲压

【任务分析】

本任务是冲压加工如图 2.6.1 所示的汽车发动机盖。在冲压汽车发动机盖过程中，重点要熟悉发动机盖的结构分析，发动机盖的工艺分析及其模具结构。

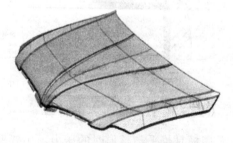

图 2.6.1　汽车发动机盖

【相关知识】

汽车覆盖件是指覆盖汽车发动机、底盘，构

成驾驶室和车身的薄钢板冲压成形的表面零件（称外覆盖件）和内部极盖件（称内覆盖件）。载货汽车的车前钣金件和驾驶室、轿车的车身等，都是由覆盖件和一般冲压件构成的。

与一般的冲压件相比较，覆盖件具有材料薄、形状复杂（多为空间曲面形状）、结构尺寸大、表面质量高等特点。在覆盖件的冲压工艺编制、冲模制造和冲模制造工艺上也有其特点，因此，把汽车覆盖件作为一类特殊的冲压件来研究。

覆盖件通常由 0.7~1.2 mm 的 08 系列冷轧薄钢板冲压而成。由于覆盖件形状的复杂程度引起拉伸塑性变形各异和拉深深度不等等诸因素的影响，正确地选用钢板的拉深性能等级，对减少废品和降低成本是一个重要的问题。

一、汽车覆盖件的冲压和拉深特点

（一）覆盖件的冲压工序

汽车覆盖件的形状复杂、尺寸大，因此一般不可能在一道冲压工序中直接获得，有的需要十几道工序才能获得，最少的也要三道工序。覆盖件冲压的基本工序有：落料、拉深、修边、翻边和冲孔。根据需要和可能性可以将一些工序合并，如修边冲孔、修边翻边等。

落料工序是为了获得拉深工序所需的毛坯外形。

拉深工序是覆盖件冲压的关键工序，覆盖件的形状大部分是由拉深工序成形的。

修边工序是为了切除拉深件的工艺补充部分。这些工艺补充部分只是拉深工序的需要，因此拉深后切掉。

翻边工序位于修边工序之后，它使覆盖件边缘的竖边成形。

冲孔工序是加工覆盖件上的孔洞。冲孔工序一般在拉深工序之后，以免孔洞破坏拉深时的均匀应力状态，避免孔洞在拉深时变形。

（二）冲压生产方式与冲压工艺方案

覆盖件的冲压工艺方案应保证产品的高质量、生产的高效率和材料的低消耗。冲压生产方式决定了覆盖件冲压工艺方案

（1）单件生产。

车身覆盖件的生产以钣金（手工）工艺为主，使用少量模具、胎具，配备少量的拉深和成形模具。

（2）小批量生产。

拉探和成形使用模具，而落料、拉深后的修边是在一些通用设备上进行，翻边使用胎具，覆盖件上的孔用钻孔方法加工。拉深模一般用低熔点合金模、锌基合金模。

（3）中批量生产。

对关键性的覆盖件和劳动量较大的覆盖件。部分工序采用冲压模具，而一般的覆盖件冲压工艺方案与小批量生产相同。

（4）大批量生产。

覆盖件冲压工艺方案的关键在于生产的流水性，因此每一道工序都需要使用冲模。模具结构相对复杂，一般采用人工送料和取件，少量采用机械手取件。

（5）大量流水生产。

采用冲压自动线进行生产。自动线上的模具结构相对简单些，便于安装各种送料、取件、翻转、排除废料和传送工件等装置。

（三）覆盖件的分类

根据形状复杂程度和变形特点，覆盖件可分为三类：浅拉深件、一般拉深件和复杂拉深件。各类零件的变形特点列于表 2.6.1 中。

表 2.6.1　覆盖件的分类

分类	典型零件名称及简图	同类零件名称	零件外形特征	拉深变形特点
浅拉深件	外门板	上后围等	（1）拉深深度浅（<50 mm）。 （2）外形较简单匀称。 （3）平的或基本平的底，或是小台阶的底	（I）拉深中从压料面下获得少量的补充材料，工件本体的拉深成形主要依靠自身材料的延伸。 （2）变形、应力比较均匀，成形表面的应力数值远小于抗拉强度极限，故需采用拉深槛来增加压料面下材料的流动阻力，使材料充分塑性变形，以保证制件得到应有的刚度。 （3）一般不会产生破裂
一般拉深件	下后围	门里板、水箱护罩等	（1）拉深深度较深（<100 mm）。 （2）外形较复杂。 （3）平的或基本平的底或是大曲率半径的外凸形底	（1）拉深表面主要靠压料面下的毛坯向内补充而拉深成形。 （2）变形、压力比较均匀，成形表面塑性变形程度较大，但应力尚不小于 σ_b。 （3）只要材料合格或模具技术状态良好，一般不会产生破裂
复杂拉深件	前围外板 A向 A	翼子板、油箱、油底壳，顶盖、水箱罩顶、前围内板等	（1）拉深深度较深（170～240）mm。 （2）外形复杂又不对称。 （3）有外凸或内凹的底，或大台阶形底	（1）拉深表面既靠压面料下的材料补充，又靠内部表面材料延伸而拉深成形。 （2）制件各处应力、变形很不均匀，大部分区域已充分塑性变形，且应力已临近 σ_b，个别区域尚有变形不足的状态。 （3）若材料不合格或压料力调整不当，容易出废品

（四）覆盖件的拉深特点

拉深工序是制造覆盖件的关键工序，它直接影响产品质量、材料利用率、生产效率和制造成本。覆盖件拉深具有以下特点：

（1）无论覆盖件分块有多大，形状有多复杂，尽可能在一次拉深中成形出全部空间曲面形状以及曲面上的棱线、筋条和凸台。否则很难保证覆盖件几何形状的一致性和表面光滑。

（2）覆盖件形状复杂，深度不匀，且又不对称，压料面积小，因而需要采用拉深筋来加大进料阻力；或是利用拉深筋的合理布置，改善毛坯在压料圈下的流动条件，使各区段金属流动趋于均匀，才能有效地防止起皱和拉裂。

（3）覆盖件的拉深不仅要求一定的拉深力，还要求在拉深过程中具有足够的、稳定的压料力，由于覆盖件往往轮廓尺寸大，普通带气垫的单动压力机不能满足其对压料力的要求。因此，在大量生产中，覆盖件的拉深均在双动压力机上进行。双动压力机具有拉深（内滑块）和压料（外滑块）两个滑块，压料力可达到拉深力的 65%～70%，且四点连接的外滑块可进行压料力的局部调节，这可满足覆盖件拉深的特殊要求。

（4）覆盖件的拉深要求材料的塑性好，表面质量高和尺寸精度高。含碳量在 0.05%～0.15% 的低碳钢具有延伸率高（$\delta \geqslant 40\%$），屈强比小（$\sigma_s / \sigma_b \leqslant 0.65$），硬化指数 n 和厚向异向系数 r 大的特点，能满足复杂的、拉深变形程度很大的覆盖件的拉深工艺要求。

（5）覆盖件拉深时，为减少板料与凹模和压料圈的摩擦，降低材料内应力以避免破裂和表面拉毛的现象，常需要在压料面上涂抹特制的润滑剂，它能够很好地附着在钢板的表面上，并形成一层均匀的、具有相当强度、足以承受相当大的压力的润滑膜，并要求润滑剂在拉深后对钢板不产生腐蚀，并易于清洗。

二、汽车覆盖件拉深工艺设计

现代汽车车身的艺术造型趋向于曲线急剧过渡，显示出棱角清晰、线条分明、流线形以适应高速行驶的需要，这往往使零件的冲压工艺性变差，拉深时容易起皱和破裂，并给冲模制造和维修带来困难。

汽车覆盖件的分块是将已定型的汽车车身划分为大小合适的零件，以便成形出组装车身所需的各个部分。分块时应考虑零件的成形工艺性、装配工艺性以及车身整体组装后的外形美观性。汽车覆盖件的形状设计与其成形工艺性有着更直接的联系，而零件的成形难易程度是最重要的考虑因素。分块时，既要保证零件能够容易成形，同时又要使材料的极限变形能力得到最充分的发挥，提高覆盖件的成形工艺性。

（一）汽车覆盖件拉深成形工艺的设计原则

在进行覆盖件的拉深工艺设计时，应遵循以下的设计原则。

（1）尽可能用一道拉深工序成形出覆盖件形状。因为二次拉深经常会发生拉深不完整的情况，造成覆盖件表面质量恶化。

（2）覆盖件的拉深深度应尽可能平缓均匀，使各处的变形程度趋于一致。在多道工序成形时，预先要很好地考虑前后各工序间的相互协调，并保证使各个工序的成形条件达到良好状态。

（3）拉深表面较为平坦的覆盖件时，其主变形方式应为胀形变形。适当地设置拉深筋、拉深槛和设计合适的压料面，以调整各个部位的材料变形流动状况，达到良好的效果。

（4）覆盖件主要结构面上往往有急剧的凸凹折曲和较深的鼓包等局部形状，在形状设计时，应尽可能满足合理拉深成形条件的要求。在制定拉深工艺时，可以通过加大过渡区域和过渡圆角、预加工艺切口等办法，改善材料的流动和补充条件。

（5）覆盖件的焊接面不允许存在皱折、回弹等质量问题，对不规则的形状只能考虑用拉深出焊接面。

（6）覆盖件上的孔一般应在零件拉深成形后冲出，以预防预先冲制的孔在拉深过程发生变形。如孔位于零件上不变形或变形极小的部位时，也可在零件拉深前制出。

（7）覆盖件拉深的压料圈形状设计，应使材料不发生皱折、翘曲等质量问题为原则，保证压料面材料变形流动顺利。同时，压料面的形状还应保证坯料定位的稳定性、可靠性和送料、取件的方便性、安全性。

（8）覆盖件在拉深工序之后，一般为翻边，修边等工序，在进行拉深工序的坯料形状尺寸和拉深工艺设计时，应充分考虑为后续翻边、修边等工序提供良好的工艺条件，包括变形条件、模具结构、零件定位、送料、取件等。

（9）坯料的送进和拉深件的取出装置应安全、方便，有利于覆盖件的自动化、流水线生产。当拉深模具的内表面与坯料发生干涉时，有必要在模具内设置导向装置。

（二）覆盖件拉深工艺参数的确定

1. 拉深方向

汽车覆盖件的拉深成形一般是以拉深变形性质和胀形变形性质的复合形式来实现的，多数情况下，拉深变形为主要的变形方式。确定拉探方向，就是确定零件在模具中的三个坐标（x，y，z）位置；拉深方向的好坏，直接影响到拉深零件的质量和模具的结构复杂性，有时拉深方向确定不合理，甚至会使拉深无法进行。因此，确定拉深方向是拉深工艺设计中一项十分重要的工作。

合理的拉深方向应符合下述原则：

1）保证凸模能够进入凹模

确定拉深方向片先应保证凸模能够进入凹模。这类问题主要出现在某些覆盖件的某一部位或局部形状成凹形或有反拉深。为了使凸模能够进入凹模，只有使拉深方向满足于凹形或反拉深的要求，因此，覆盖件本身的凹形和反拉深的要求决定了拉深方向。如图 2.6.2 所示为覆盖件的凹形决定了拉深方向的示意图，图 2.6.2（a）所示的拉深方向表明凸模不能进入

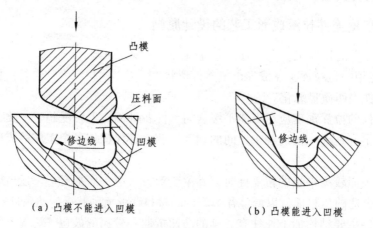

（a）凸模不能进入凹模　　　　　　　　（b）凸模能进入凹模

图 2.6.2　覆盖件的凹形决定拉深方向

凹模，如将覆盖件旋转一角度，采用如图 2.6.2（b）所示的拉深方向，凸模才能进入凹模。如图 2.6.3 所示为覆盖件的反拉深决定了拉深方向的示意图，其形状决定了拉深方向必须平行窗口侧壁面。

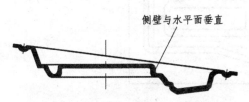

图 2.6.3　覆盖件的反拉深决定拉深方向

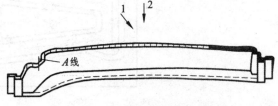

图 2.6.4　某货车顶盖的拉深方向

图 2.6.4 所示为微型货车顶盖的拉深方向。若按箭头 1 所示的拉深方向，虽满足了窗口部分的凸模能够进入凹模的要求，但凸模开始拉深时与拉深毛坯接触而积小而又不在中间，这样在拉深过程中拉深毛坯容易产生开裂和坯料窜动从而影响表面质量，因此不能采用。考虑到整个形状的拉深条件，改变为按箭头 2 所示的拉深方向，其优点是凸模顶部平滑，凸模开始拉深时与坯料接触面积大而又在中间，有利于拉深，但窗口部分凸模不能进入配用的凹模，则必须改变窗口部分凹形的形状。其方法是从 A 线往上弯成垂直面，在拉深以后适当的工序中再整形回来。改变部分与整形回来部分的材料应是相等的。

2）凸模开始拉深时与毛坯的接触状态

开始拉深时凸模与拉深毛坯的接触状态应保持接触面大，接触面位于冲模中心。

（1）凸模开始拉深时与毛坯的接触面积要大[见图 2.6.5（a）]，若接触面积小，且接触面与水平面夹角 α 大，会使应力集中容易产生裂纹。

（2）凸模开始拉深时与毛坯的接触地方应接近中间部分[见图 2.6.5（b）]. 这样凸模在拉深过程中使材料均匀拉入凹模。如果接触地方不接近中间，则在拉深过程中，拉深毛坯经凸模顶部由于窜动而影响表面质量。

（3）凸模开始拉深时与毛坯接触地方要求多，且分散，最好同时接触[见图 2.6.5（c）]. 若不同时接触，也会由于经凸模顶部产生窜动而影响拉深件的表面质量，为了使凸模开始拉深时与毛坯接触地方多又分散，可改变拉深方向，改善接触状态。若

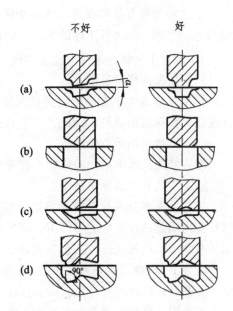

图 2.6.5　凸模与毛坯的接触状态

拉深方向因拉深件确定了不能改变[见图 2.6.5（d）]，只有在工艺补充部分想办法，即改变压料面形状为倾斜面，使两个地方同时接触。

3）压料面各部位进料阻力要均匀

拉深深度均匀是保证压料面各部位进料阻力均匀的主要条件。进料阻力不一样，在拉深过程中拉深毛坯就有可能经凸模顶部窜动，严重的会产生破裂和皱纹。图 2.6.6 所示为微型双排座汽车立柱的上段，若将拉深方向旋转 6°，则使压料面一样高，进料阻力均匀。同时凸模

开始拉深时与拉深毛坯的接触地方接近中间，拉深成形好。

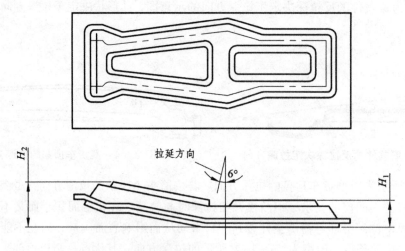

图 2.6.6　微型双排座汽车立柱上段的拉延方向

2. 工艺补充部分

为了实现拉深，将覆盖件的翻边展开，窗口补满，再加上工艺补充部分构成一个拉深件。

工艺补充部分是拉深件不可缺少的组成部分，它的确定直接影响到拉深成形，以及拉深后修边、整形、翻边等工序的方案。因此，必须慎重考虑工艺补充部分。

1）确定工艺补充部分考虑的问题

（1）拉深深度尽量浅。

拉深深度的大小直接影响到拉深成形。拉深深度深，拉深困难，拉深时容易开裂；拉深深度浅，拉深成形容易。因此，工艺补充部分应尽量使拉深深度浅，便于拉深成形。

（2）尽量采用垂直修边。

垂直修边比水平或倾斜修边工艺补充部分少，模具结构简单，废料也易于排除。

（3）工艺补充部分尽量小。

工艺补充部分在拉深以后将被修掉，工艺补充部分是工艺上必要的材料消耗，因此在能够拉探出满意的拉深件的条件下，应尽可能减少工艺补充部分，这样可节约材料。图 2.6.7 所示为某汽车前围板拉探件工艺补充部分 3 个方案的比较示意图。

方案 I：将翻边展开为水平面，再加上工艺补充部分，垂直修边。

方案 II：将翻边展开为斜面，再加上工艺补充部分，垂直修边。

方案III：将翻边展开为垂直面，再加上工艺补充部分，水平修边。

以下 3 个方案中，方案 I 最好，拉深深度线，易成形，垂直修边模具结构简单，工艺补充部分最小，节约材料。

（4）定位可靠。

要考虑拉深件在修边时和修边以后[序的定位可靠。拉深件在修边时和修边以后工序的定位必须在确定拉深件工艺补充部分时考虑，一定要定位可靠，否则会影响修边和翻边的质量。深的拉深件如汽车前围板、左右车门内蒙皮、后围板等均用拉深件侧壁定位。浅的拉深件如汽车顶盖、左右车门外蒙皮、地板等用拉深槛定位，而对一些不能用拉深件侧壁和拉探槛定位的零件，应采用拉深时穿刺孔或冲工艺孔来定位，如图 2.6.8 所示。

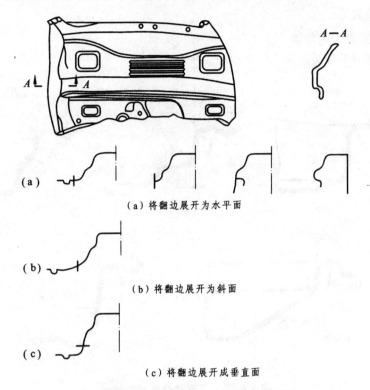

（a）将翻边展开为水平面

（b）将翻边展开为斜面

（c）将翻边展开成垂直面

图 2.6.7　某汽车前围板拉深件工艺补充部分的三个方案

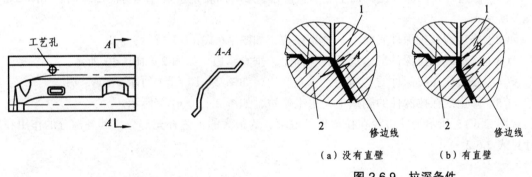

图 2.6.8　前窗上内侧板拉深时冲工艺孔

图 2.6.9　拉深条件

（a）没有直壁　　　（b）有直壁

1—凸模；2—凹模

（5）拉深条件。

对斜面大的拉深件要考虑凸模对拉深毛坯的拉深条件。凸模对拉深毛坯的拉探条件（材料紧贴凸模）主要取决拉深件形状。图 2.6.9 所示为拉深件形状决定凸模对拉深毛坯的拉深条件示意图。图 2.6.9（a）所示为拉深件没有直壁，因此凸模 1 的 A 点一直到下死点才和拉深毛坯接触。如果由于进料阻力小，在拉深过程中斜壁部分已经形成了皱纹，虽然凸模 1 和凹模 2 最后是压合的，也不能将皱纹压平。如在拉深件工艺补充部分上加一直壁 AB[见图 2.6.9（b）]，这样凸模 1 和凹模 2 之间就形成一段垂直料厚间隙 AB，在拉深直壁 AB 过程中，增大了进料阻力，使拉深毛坯紧贴凸模成形，这样就可以减少或消除拉深过程中产生的皱纹，同时也增加了拉深件的刚度。直壁 AB 一般取 $10 \sim 20$ mm，因此表面质量要求高的拉深件最好加一段直壁。

2）工艺补充部分的种类

工艺补充部分的种类如图 2.6.10 所示。

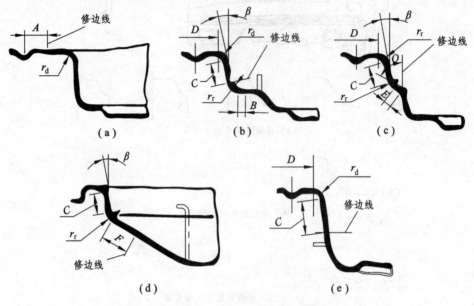

图 2.6.10　工艺补充部分的种类

（1）修边线在拉深件压料面上，垂直修边，压料面就是覆盖件本身的凸缘面，如图 2.6.10（a）所示。

（2）修边线在拉深件底面上，垂直修边，如图 2.6.10（b）所示。

（3）修边线在拉深件翻边展开的斜面上，垂直修边，如图 2.6.10（c）所示。

（4）修边线在拉深件的斜面上，垂直修边，如图 2.6.10（d）所示。

（5）修边线在拉深件的侧壁上，水平修边，如图 2.6.10（e）所示。

图 2.6.11 所示为修边线在拉深件的底部，为最大的工艺补充部分，其各部分的作用和尺寸见表 2.6.2。

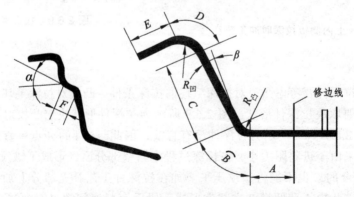

图 2.6.11　最大工艺补充部分示意图

92

表 2.6.2　工艺补充部分各部分的作用及尺寸

代号	名称	性质	作用	尺寸/mm
A	底面	从工件的修边线到凸模圆角	（1）调整时，不致因为 $R_凸$ 修磨变大而影响工件尺寸 （2）保证修边刃口的强度要求 （3）满足定位结构要求	用拉深槛定位时： $A \geqslant 8$ 用侧壁定位时： $A \geqslant 5$
B	凸模圆角面	凸模圆角 R 凸处的表面	降低变形力	一般拉深件： $R_凸 = (4 \sim 8)t$，复杂拉深件 $R \geqslant 10t$
C	侧壁面	拉深件沿凹模周边形成一定的深度	（1）控制上表面有足够的拉应力，保证毛坯全部延展，减少皱纹的形成。 （2）调节深度，配制较理想的压料面。 （3）满足定位和取件的要求。 （4）满足修边刃口强度要求	$C = 10 \sim 20$ $\beta = 6° \sim 10°$
D	凹模圆角面	拉深材料流动面	$R_凹$ 的大小值直接影响毛坯流动的变形阻力。$R_凹$ 愈大，变形阻力愈小，容易拉延。$R_凹$ 小，则反之。	$R_凹 = (4 \sim 10)t$ 料厚或深度大时取大值，允许在调整中变化
E	凸缘面	压料面	（1）控制拉深时进料阻力大小 （2）布置拉深（槛）筋和定位	$E = 40 \sim 50$
F	棱台面		使水平修边改为垂直修边，简化冲模结构	$F = 3° \sim 5°$ $\alpha \geqslant 40°$

3. 压料面

压料面是汽车覆盖件工艺补充部分的一个组成部分，即位于凹模圆角半径以外的那一部分坯料。在拉深成形开始之前，压料圈将要成形的覆盖件坯料压紧在凹模面上，被压住的坯料部分即为压料面。拉深成形过程中，压料面材料被逐步拉入凹模腔内，转化为覆盖件形状。因此，压料面的形状不仅要保证其本身材料的不皱不折，同时应尽可能促使位于凸模底部的坯料下凹，以减少零件的拉深成形深度。更重要的是，应保证被拉入凹模腔内的材料不皱不裂。压料面与拉深零件的关系存在两种情况：

（1）压料面就是覆盖件本身的凸缘面，即为覆盖件本体的一部分。这种压料面的形状是确定的，为便于拉深成形过程的进行，虽然也可以做局部的变动，但必须在以后的适当工序中加以整形，以达到覆盖件的整体形状要求。

（2）压料面是由工艺补充部分所组成，在拉深工序之后的修边工序中，这种压料面将被切除，所以应尽量减少这种压料面的材料消耗。

确定压料面的基本原则为：

（1）压料面应为平面、单曲面或曲率很小的双曲面，如图 2.6.12 所示，不允许有局部的起伏或折棱，当毛坯被压紧时，不产生皱褶现象，而且要求塑流阻力小，向凹模内流动顺利。

（2）凸模对拉深毛坯一定要有拉伸作用，压料面展开长度比凸模表面展开长度短时，如图 2.6.13 所示，凸模才能对拉深毛坯产生拉伸作用，保证在拉深过程中毛坯处于张紧状态，并能平稳地、逐渐地紧贴凸模，以防产生皱纹。

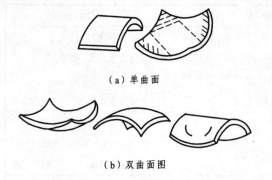

（a）单曲面

（b）双曲面图

图 2.6.12　合理的压料面形状

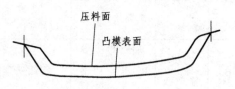

图 2.6.13　压料面展开长度比凸模表面
展开长度短的示意图

（3）合理选择压料面与拉深方向的相对位置。最有利的压料面位置是水平位置[见图 2.6.14（a）]，相对于水平面由上向下的压料面，只要倾角 α 不太大，也是允许的[见图 2.6.14（b）]；压料面相对水平面由下向上倾斜时，倾角 α 必须采用很小的角度。图 2.6.14（c）的倾角太大，是不恰当的，因为拉深过程中金属的流动条件差。

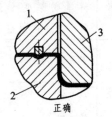

（a）水平位置的压料面

正确

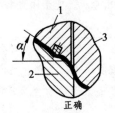

（b）$\alpha \leqslant 40° \sim 50°$ 的倾斜压料面

正确

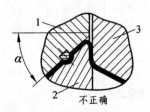

（c）由下向上倾斜的压料面

不正确

图 2.6.14　压料面与拉深方向的相对位里

1—压料圈；2—凹模；3—凸模

（4）凹模里凸包的要求。凹模里的凸包必须低于压料面。拉深时，拉深毛坯受凹模内的凸包弯曲而变形，压料面没压到坯料，即没有起到压料的作用，这样拉深就要起皱、开裂，而得不到合格的零件，如图 2.6.15 所示。

4. 工艺孔和工艺切口

1）工艺切口的作用

当需要在覆盖件的中间部位上冲出某些深度较大的局部突起或鼓包时（属于胀形变形性质），在一次拉深中，往往不能从毛坯的外部得到材料的补充而导致零件的局部破裂。这时，可考虑在局部变形区的适当部位冲出工艺切口或工艺孔，使容易破裂的区域从变形区内部得到材料的补充。

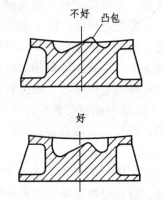

图 2.6.15　凹模里的"凸包"示意图

2）工艺切口的条件

必须在容易破裂的区域附近设置工艺切口，而这个切口又必须处在拉深件的修边线以外，以便在修边工序中切除，而不影响覆盖件形体，例如车门内、外板和上后围的玻璃窗口部位，如图 2.6.16、图 2.6.17 所示

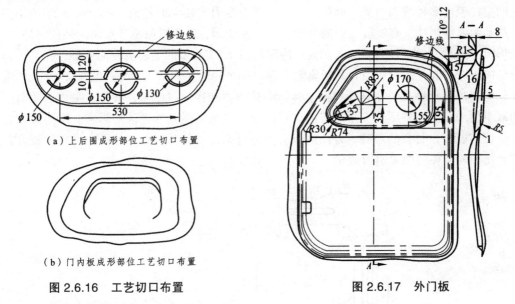

（a）上后围成形部位工艺切口布置

（b）门内板成形部位工艺切口布置

图 2.6.16　工艺切口布置

图 2.6.17　外门板

3）工艺切口的制法

（1）落料时冲出——用于局部成形深度较浅的场合（工艺孔）。

（2）拉深过程中切出——它充分利用材料的塑性，即在拉深开始阶段利用材料的径向延伸，然后切出工艺切口，利用材料的切向延伸，这样成形深度可以深一些。

在拉深过程中冲切工艺切口，并不希望切割材料与工件本体完全分离，切口废料可在以后的修边工序中一并切除。否则，将产生从冲模中清除废料的困难。

4）工艺切口的布置原则

工艺切口的大小和形状要视其所处的区域情况和其向外补充材料的要求而定，一般须注意几点：

（1）切口应与局部突起周缘形状相适应，以使材料合理流动。

（2）切口之间应留有足够的搭边，以使凸模张紧材料，保证成形清晰，避免波纹等缺陷，而且修边后可获得良好的窗口翻边孔缘质量。

（3）切口的切断部分（即开口）应邻近突起部位的边缘，如图 2.6.16（a）所示，或容易破裂的区域，如图 2.6.16（b）所示。

（4）切口的数量应保证突起部位各处材料变形趋于均匀，否则不一定能防止裂纹产生。如图 2.6.16（a）所示，原只有左右两个工艺切口，结果中间仍产生裂纹，后来添加了中间切口（虚线所示），才完全避免破裂现象。

5. 变形阻力与拉深筋

拉深变形阻力包括材料的塑性流动阻力、弯曲阻力和摩擦阻力。变形阻力的大小，表现在材料流动的速度大小，影响着拉深件塑性变形的程度，对毛坯的起皱和拉裂有直接的关系，因此，应该通过对变形阻力的影响因素的分析，对变形阻力进行适当的调节。拉深变形阻力的调节和控制是覆盖件拉深工艺设计的一个主要内容。

1）影响拉深变形阻力的因素

（1）凹模口形状。

凹模口若由多种线条组成，则各线段处的变形阻力有较大的差别。图 2.6.18 中的凹模口由直线和圆弧线组成。直线段 5 处的毛坯属于弯曲变形，其压料面不产生切向和径向的应力，其变形阻力最小，材料最容易流入凹模；内凹圆弧 1、3 等处的毛坯属拉深变形，在其压料面上有切向压应力和径向拉应力，其塑流阻力随曲率半径减小而增大；外凸圆弧 2、4 处的毛坯属伸长类翻边变形性质，在其压料面上有切向拉应力和径向拉应力，其塑流阻力也随曲率半径的减小而增大。在各不同变形区段的交接部位，变形要受到邻近区的影响。内凹圆弧有向邻近部位扩散多余材料的趋势、外凸圆弧有使邻近部位受拉并向其本身集中材料的趋势，这些都会使相邻部位的塑流阻力变化。

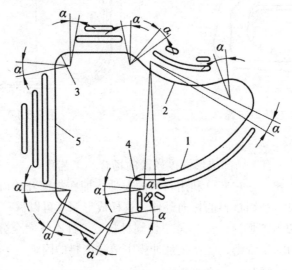

图 2.6.18　凹模口的形状及拉延筋的布置（ $\alpha = 8° \sim 12°$ ）

（2）拉深深度。

塑流阻力沿凹模口的分布与拉深深度有直接关系，在内凹和外凸的曲线部位上，拉深深度的过大变化能引起变形阻力的不均匀分布，应尽量避免，只有在属于弯曲变形的直线部位上。拉深深度的变化不会直接引起变形阻力的变化。

（3）拉深件的侧壁形状。

拉深件侧壁形状对变形阻力有显著的影响。在相同条件下，垂直的侧壁比倾斜的侧壁变形阻力大。具有垂直侧壁的拉深件在拉深过程中不易起皱。

（4）压料力。

压料力越大，摩擦阻力就越大。局部调节压料力，可以调节相应部位的变形阻力。

（5）凹模圆角半径。

凹模圆角半径越小，毛坯向凹模内流动经过凹模圆角时产生弯曲变形的弯曲阻力越大。弯曲阻力过大时，会加速凹模表面的磨损，引起摩擦阻力增加，造成拉深件表面拉毛。

（6）润滑条件。

毛坯的压料面上、下表面有良好的润滑时，可以显著地减少摩擦阻力和提高拉深件表面质量。

（7）压料面面积。

压料面越大，拉深变形阻力就越大。通过局部增大或减小压料面，可以局部调节变形阻力。

上述各因素的影响使得在拉深过程中沿凹模口的变形阻力不均匀。针对这些因素，可以采用相应的措施对各部位的变形阻力进行调节和控制，使拉深件上各部分的塑性变形均匀。

2）拉深筋（槛）

在压料面上设置拉深筋是调节和控制变形阻力的一种有效和实用的方法，这是由于压料面的毛坯在向凹模流动中要经过反复弯曲变形，增大了变形阻力。

（1）拉深筋的作用。

①增加进料阻力，使拉深表面承受足够的拉应力，提高拉深件的刚度和减少由于弹复而产生的凹面、扭曲、松弛和波纹等缺陷。

②调节材料的流动情况，使拉深过程中各部分流动阻力均匀，或使材料流入模腔的量适合工件各处的需要，防止"多则皱、少则裂"的现象。

③扩大压料力的调节范围。在双动压力机上，调节外滑块4个角的高低，只能粗略地调节压料力，并不能完全控制各处的进料量正好符合工件的需要，因此还需靠压料面和拉深筋来辅助控制各处的压料力。

④当具有深拉深筋时，有可能降低对压料面的加工光洁度的要求，这便降低了大型拉深模的制造工作量。同时，由于拉深筋的存在，增加了上、下压料面之间的间隙，使压料面的磨损减小，因而提高了它的使用寿命。

⑤纠平材料不平整的缺陷，因为当材料在通过拉深筋产生弯曲后再向凹模流入的过程，相当于辊压校平的作用。

（2）拉深筋的种类。

①拉深筋。拉深筋的剖面呈半圆弧形状（见图 2.6.19）拉深筋一般装在压料圈上，而在凹模压料面上开出相应的槽。由于拉深筋比拉深槛在采用的数量上、形式上都比较灵活，故应用比较广泛。但其流动阻力不如拉深槛高。

②拉深槛。拉深槛的剖面呈梯形（见图 2.6.20），类似门槛，安装于凹模的洞口。它的流动阻力比拉深筋大。主要用于拉深深度浅而外形平滑的零件，这可减小压料圈下的凸缘宽度及毛坯尺寸：

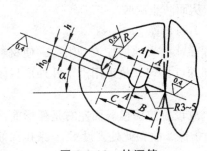

图 2.6.19　拉深筋

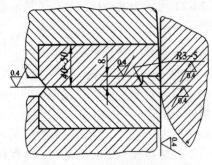

图 2.6.20　拉深槛

（3）拉深筋（槛）的布置。

拉深筋的数目及位置视零件外形、拉深深度而定。

① 按拉深筋的作用及布置，其布置原则见表 2.6.3。

表 2.6.3　拉深筋的布置实例

序号	要　　求	布　置　原　则
1	增加进料阻力，提高材料变形程度	放整圈或间断的 1 条拉深槛或 1~3 条拉深筋
2	增加径向拉应力，降低切向压应力，防止毛坯起皱	在容易起皱的部位设置局部短筋
3	调整进料阻力和进料量	（1）拉深深度大的直线部位，放 1~3 条拉深筋； （2）拉深深度大的圆弧部位，不放置拉深筋，浅的部位设筋

② 按凹模口几何形状布置，其布置方法见表 2.6.4。筋条位置一定要保证与毛坯流动方向垂直。

表 2.6.4　按凹模口的形状布置拉深筋的方法

序号	形　状	要　　求	布　置　方　法
1	大外凸圆弧	补偿变形阻力不足	设置 1 条长筋
2	大内凹圆弧	（1）补偿变形阻力不足； （2）避免拉深时，材料从相邻两侧凸圆弧部分挤过来而形成皱纹	设置 1 条长筋和 2 条短筋
3	小外凸圆弧	塑流阻力大，应让材料有可能向直线区段挤流	（1）不设拉深筋。 （2）相邻筋的位置应与凸圆弧保持 8º~12º 的夹角关系
4	小内凹圆弧	将相邻侧面挤过来的多余材料延展开，保证压边面下的毛坯处于良好状态	（1）沿凹模口不设筋 （2）在离凹模口较远处设置 2 条短筋
5	直线段	补偿变形阻力不足	根据直线长短设置 1~3 拉深筋（长者多设，并呈塔形分布）

（4）拉深筋（槛）的布置实例。

图 2.6.21 所示为发动机油底壳（机油盘），拉深深度相差较大。在需要进料少的部位设置拉深筋，就可阻止该部分过多的材料拉入凹模腔内，从而防止起皱。

图 2.6.22 为外门板、顶盖和上后围的拉深筋（槛）的布置

外门板的拉深深度不大，塑性变形小，设置拉深槛能较大地增加流动阻力，使材料充分塑性变形，以获得较好的表面质量。同时，由于底部深度均匀，故采用沿工件外形封闭设置的拉深槛，如图 2.6.22（a）所示。

上后围的上、下部位平坦，需要大的流动阻力，故设置拉深槛。而左右是弧形曲面，要求压料面下的材料有一定的牵制力，并有良好的流动条件，故在此处安设了 3 条拉深筋，如图 2.6.22（c）所示。

顶盖的深度比较均匀，外形又较匀称，要求沿凹模口周围材料的流动阻力一致，故采用两条封闭形的拉深筋[除定位孔让开外，见图 2.6.22（b）]。

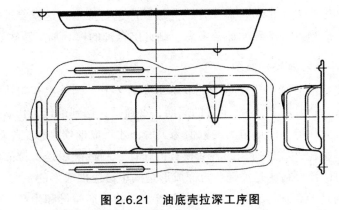

图 2.6.21　油底壳拉深工序图

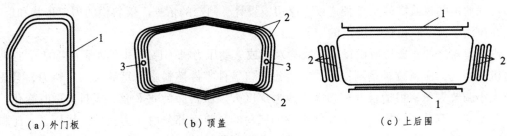

（a）外门板　　　　　　　（b）顶盖　　　　　　　（c）上后围

图 2.6.22　拉深筋的布置实例

1—拉深槛；2—拉深筋；3—定位孔

三、汽车覆盖件拉深模

（一）汽车覆盖件冲压成形模具的特点

汽车覆盖件成形模具的设计、制造和调整，是保证覆盖件达到优良成形质量的重要因素，因此，也是汽车覆盖件冲压生产中最重要的环节之一。汽车覆盖件成形模且与一般薄板冲压成形模具相比，具有如下特点：

1. 模具形状和结构更复杂

汽车覆盖件多为由复杂的空间曲面所构成的立体零件，并要求尽可能一次完成成形过程，这样势必增加模具结构和形状的复杂性。

2. 模具的制造难度大要求高

汽车覆盖件对其成形精度和表面质量都有很高的要求，因此，模具对其工作表面的加工精度和粗糙度要求甚高。模具表面要光整、棱线清晰；粗糙度一般都应在 $Ra=0.4\ \mu m$ 以下。型面加工后要严格检查，不能产生漫反射。模具加工制造过程中，需要有专用工装夹具和大型加工设备，加工的工艺过程和技术准备工作复杂。

3. 各模具间的依赖关系大

一个汽车覆盖件往往需要通过几套模具的冲压才能最终成形。这数套模具一方面，其形状都应符合同一主模型的要求；另一方面，各套模具问在设计和制造中有一定的依赖关系，既不能将它们同时加工，又不能按冲压工序的先后顺序进行加工，这就要求在进行模具设计和制造工艺确定时，应当进行细致的综合考虑，制订出合理的模具加工路线。

4. 模具调试工作更为重要和复杂

模具调试是直接影响后续大规模生产的非常重要的环节，国外汽车制造厂对大型复杂覆盖件成形模具的调试，一般需要 1~2 个月的周期，直到模具达到最佳工作状态，并规定出合适的工艺参数（如最大和最小的压料力的数值等）后，才将成形模具移交生产过程中。

通常，一个汽车覆盖件成形所用的各套模具的设计、制造顺序是：拉深模、翻边模和修边模，其中拉深模的设计、制造是关键。拉深成形是汽车覆盖件成形的主要、关键变形方式，拉深模设计、制造的是否合理，直接关系到汽车覆盖件的成形质量和生产效率；同时，拉深成形得到的巾间过渡零件义是翻边模、修边模设计、制造的依据。落料模的刃口形状和尺寸，也是在拉深模调试时由试验决定的。

汽车覆盖件冲压成形所用设备主要为双动或三动压力机（也有用单动压力机的），这两类压力机行程大，压料装置是刚性的，能对汽车覆盖件零件坯料施加足够大的压料力，且压料力的大小调节方便，很适合汽车覆盖件成形深度大、压料面为非平面、压料力适时变化的成形工艺要求。双动压力机上，覆盖件零件的坯料的压料面部分由压力机外滑块压紧，压料力可以达到内滑块压力 65%~70%；内滑块为凸模提供了成形时足够的作用力。成形过程开始时，压力机外滑块向下运动，将坯料压料面部分压紧后，内滑块才推动成形凸模向下运动，实现对坯料的冲压成形。三动压力机除了能实现双动压力机的两项作用外，另有一个滑块能够带动成形模具对坯料进行反向成形，从而增大一次操作所能够完成的工序数。

汽车覆盖件冲压成形所用的模具有三种：拉深模、翻边模和修边模。这里简单介绍拉深模。

（二）汽车覆盖件拉深模

覆盖件拉深模是保证覆盖件成形质量的冲压工艺装备。根据生产批量的不同，生产中常采用的拉深模有合金铸铁模、锌基合金模和低熔点合金模。

1. 拉深模的典型结构

拉深模壳分为单动拉深模和双动拉深模。在设计拉深模时应考虑模具结构紧凑、轻巧、导向可靠、人工送料和取件操作方便、安全可靠。

1）单动拉深模的典型结构

单动拉深模是按单动压力机设计的。图 2.6.23 所示为单动拉深模结构示意图，该模具主要是由凹模 1、凸模 2（下模座可与凸模作成一体，也可分开）、压料圈 3 三大件组成。凹模 1 安装在压力机的滑块上，凸模 2 安装在压力机下工作台面卜，凸模与凹模之间，凹模与压料圈之间都有导板导向。

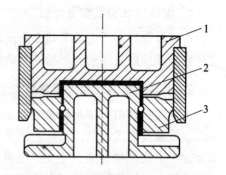

图 2.6.23　单动拉探模结构示意图

1—凹模；2—凸模；3—压料圈

图 2.6.24 所示为微型载货车汽车左右车门外板单动拉深模。此拉深模是按 D36-800 闭式双点单动压力机设计的，模具主要由凸模 6、凹模 1、压料圈 5 三大件及一些辅助零件组成。

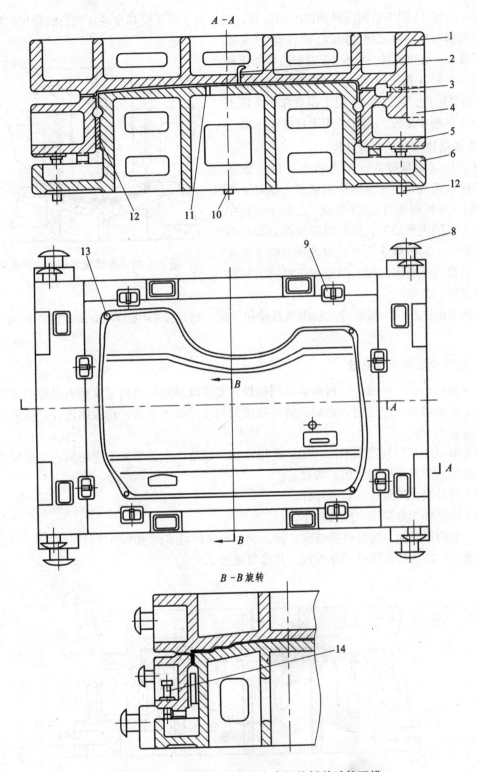

$A-A$

$B-B$ 旋转

图 2.6.24　微型货车汽车左右车门外板单动拉深模

1—凹模；2、11—通气孔；限位块；4—导板；5—压料圈；6—凸模；7—顶杆；
8—起重棒；9—定位块；10—定位键；12—导板；13—到位标志器；14—限位螺钉

限位螺钉 14 用于限制压料圈向上的位置，限位块 3 用于模具在冲压到位时限位，同时也可调节凹模与压料圈之间的间隙，限位器 13 是检验拉深件压到位的标志，导板 12 用于凸模与压料圈导向，导板 4 用于凹模与庄料圈导向，定位块 9 用于坯料定位，定位键 14 用于模具在压力机工作台的 T 形槽中定位，顶杆 7 用于顶件和压料。

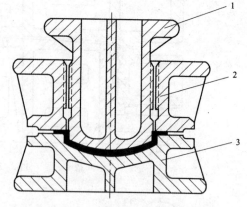

2）双动拉探模的典型结构

双动拉深模是按双动压力机设计的。如图 2.6.24 所示为双动拉深模结构示意图。模具主要由凸模 1、压料圈 2、凹模 3 组成。凸模 1 安装在双动压力机的内滑块上，压料圈安装在双动压力机的外滑块上，凹模 3 安装在双动压力机工作台面上，凸模与压料圈之间、凹模与压料圈之间都有导板导向。

图 2.6.25　双动拉深模结构示意图

1—凸模；2—压料；3—凹模

如图 2.6.25 所示为微型货车后围板双动拉深模。它是按 D4-600-400 闭式四点双动压力机设计的。

2. 拉深模结构尺寸参数

拉深模的凸模、凹模、压料圈都采用铸件，要求既尽量减轻重量又要有足够的强度，因此铸件上非重要部位应挖空，影响到铸件强度的部位应添加立筋，现在国内外广泛采用实型铸造，其优点有：

（1）缩短了模型制造周期。一般铸造用木模型铸造，木模型加工周期短，实型模型采用聚苯乙烯泡沫塑料作模型，加工容易。

（2）铸件表而质量比一般铸件好。

（3）铸件加工余量比一般铸件小。

（4）节约原材料，实型铸造壁薄、轻，比一般铸件可节约 30%的原材料。

如图 2.6.27 为拉深模的尺寸参数，其参数见表 2.6.5。

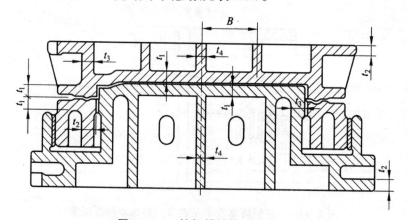

图 2.6.27　拉探模结构尺寸参数

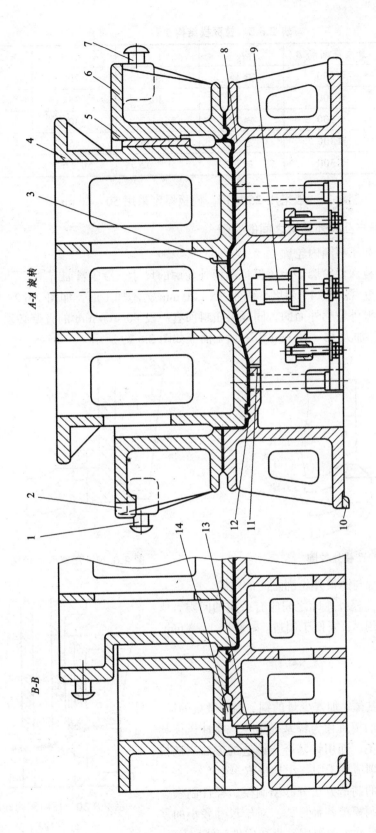

图 2.6.26　微型载货汽车后围板双动拉深模

1、7—起重棒；2—定位块；3、11—通气孔；4—凸模；5—导板；6—压料圈；8—凹模；
9—顶件装置；10—定位器；12—到位标志器；13—防磨板；14—限位器

表 2.6.5　拉深模结构参数

模具的长边尺寸	加强筋间隔 B	t_1	t_2	t_3	t_4
～600	≤200	≥35	30	30	25
600～1 200	≤300	≥40	30	35	28
1 200～2 000	≤300	≥50	36～40	40	32
2 000～3 000	≤300	≥60	40～75	45	38
3 000～	≤300	≥75	50～62	50～62	40

下模座与凸模分开制作，一般采用 25 号钢，模板厚度采用 50～60 mm。

3. 压料圈内轮廓与凸模外轮廓之间的空隙

（1）凸模外轮廓和压料圈内轮廓

凸模外轮廓就是拉深件轮廓。为了保证凸模外轮廓的尺寸，沿压料面有一段 40～60 mm 的直壁必须加工，直壁往上呈 45°斜度，缩小 15～20 mm 为不加工面，如图 2.6.28 所示。压料圈内轮廓是套在凸模外轮廓外面的，同样沿压料面有一段 40～60 mm 的直壁必须加工，直壁往上呈 45°的斜度，加大 15～20 mm 为不加工面，如图 2.6.29 所示。

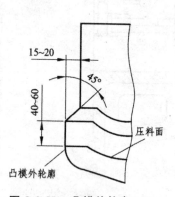

图 2.6.28　凸模外轮廓

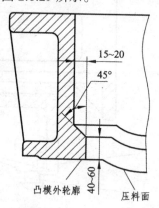

图 2.6.29　压料圈内轮廓

（2）压料圈内轮廓与凸模外轮廓之间的空隙。

压料圈内轮廓和凸模外轮廓之间应有一定的间隙，既要保证压料圈压料作用，又要便于制造。一般取 1～3 mm，如图 2.6.30 所示。

4. 锌基合金模

锌基合金以锌为基体，加入少量的铜、铝和微量的镁，将其用铸造方法制成的模具称为锌基合金模。在冲压模具中，金属钢模较难加工，而用锌基合金铸造的方法制造拉深模则十分简便，特别适用于中、小批量汽车生产。

锌基合金拉深模的制造方法分砂型制模、样件制模、石膏型制模以及金属制模等各种形式。对于尺寸较小的零件用石膏模型浇注。尺寸大的则用砂型和样件浇注。

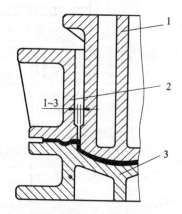

图 2.6.30　压料圈内轮廓

1—凸模；2—压料圈；3—凹模

由于锌基合金有冷缩性，当冷却速度不一致时，可能使模具变形甚至开裂。常用的解决措施是在铸型中放置冷铁，这样既可提高铸件内部的冷却速度，又可节约合金材料，也可以在铸型中设置冷却水管，以控制和调节铸件内部的冷却速度。还有一个方法是在铸件外表面加隔热层，以减慢铸件外表面的冷却速度。

5. 低熔点合金模

低熔点合金模是用熔点低的金属合金，采用铸造方法制造的冲模，常用的低熔点合金有铋基合金和锡基合金。铋锡合金的熔点一般只有 70～150℃，熔化后流动性好，冷凝时体积膨胀。

低熔点合金模的最大特点是凸、凹模可以通过铸模同时形成。铸模后，凸、凹模之间的间隙均匀，使用时不需调整，在压力机上可直接铸造，铸造后即可使用，铸模材料可反复使用，具有制造工艺简单、周期短、成本低和有利于提高产品质量等优点，但由于模具使用寿命低，低熔点合金模主要用于小批量生产。

低熔点合金模具的铸造工艺分自铸模和浇铸模两类。

把熔箱内的合金熔化，浸放样件及凸模连接板，待合金冷却后分模，样件将合金隔成凸、凹模，这种铸模工艺称为自铸模，如图 2.6.31 所示。如果自铸模在压力机上进行，称为机上自铸模，在压力机下进行称为机下自铸模。

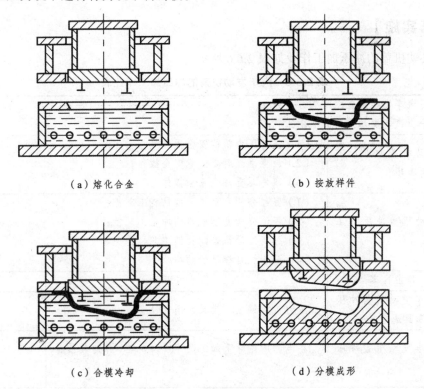

（a）熔化合金　　　　　　　　　（b）按放样件

（c）合模冷却　　　　　　　　　（d）分模成形

图 2.6.31　自铸模工艺示意图

把样件和其他零件预先安装、调整好位置，将熔化合金浇入型腔内，合金冷却后分模，由样件将合金分隔成凸、凹模，这种铸模工艺称为浇铸模，如图 2.6.32 所示。此过程在压力机上进行称为机上浇铸模，在机下浇铸称为机下浇铸模。

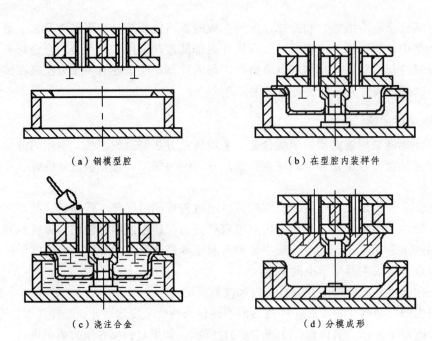

（a）钢模型腔　　　　　　　　　　（b）在型腔内装样件

（c）浇注合金　　　　　　　　　　（d）分模成形

图 2.6.32　浇铸模工艺示意图

【任务实施】

汽车发动机盖的冲压加工作业如表 2.6.6 所示。

表 2.6.6　汽车发动机盖的冲压加工作业表

（1）学习汽车发动机盖的结构分析； （2）会分析汽车发动机盖的冲压工艺			
汽车发动机盖冲压加工的安全注意事项	（1）注意压力机的安全操作规程； （2）放置毛坯时要注意安全操作； （3）取件时要注意安全操作		
汽车发动机盖冲压加工注意事项	（1）仔细分析发动机盖的结构工艺性； （2）仔细分析发动机盖的冲压工艺性； （3）分析发动机盖的拉延工艺性； （4）分析拉延模具的结构		
任务实施过程	作业内容	作业内容	检查记录
	汽车发动机盖冲压加工工具选用	压力机、钢板、模具、提升设备等	
	汽车发动机盖冲压加工	在老师的指导下加工汽车发动机盖，并对其质量进行分析	
	加工作业总结		

【项目测练】

1. 汽车覆盖件的冲压成形有什么特点？

2. 简述汽车覆盖冲压的基本工序。

3. 如何合理地确定汽车覆盖件的拉深方向？

4. 在进行汽车覆盖件的拉深工艺设计时，如何考虑工艺补偿部分？压料面、工艺切口或工艺孔的设置属于工艺补偿部分吗？

5. 在进行汽车覆盖件的拉深工艺设计时，如何调节和控制拉深变形阻力？如何布置拉深筋（槛）？

6. 试比较汽车覆盖件拉深模中合金铸铁模、锌基合金模和低熔点合金模的不同特点。

任务七　冲压设备的选择和冲压生产自动化

【任务分析】

本任务是将已装配好的模具正确安装在压力机上。重点熟悉压力机的结构、模具安装在压力机上的方法和步骤。

【相关知识】

冲压设备是冲压工艺及模具设计的一项重要内容。它直接关系到设备的安全和合理使用，也关系到冲压生产是否顺利进行和产品质量、模具使用寿命、生产效率、产品成本等一系列问题。冲压设备的选用包括选择设备类型和确定设备规格两项内容。

车身零件冲压生产的机械化和自动化程度是衡量汽车车身制造技术水平的重要标志之一。汽车车身冲压生产除了采用新工艺、新技术和先进的冲压设备外，提高冲压生产过程的机械化和自动化程度，才能有效地提高冲压设备的生产率，保证产品质量，降低成本，减轻劳动强度，改善劳动条件，做到安全文明生产。

一、常见的冲压设备

冲压设备属于锻压机械。常见的冲压设备有机械压力机和液压机，机械压力机按驱动滑块的机构的种类又分为曲柄式和摩擦式。而曲柄压力机应用较广，如图 2.7.1 所示。

1. 床　身

床身是压力机的机架，在床身上直接或间接地安装着压力机上的所有其他零部件，它是这些零部件的安装基础。在工作中，床身承受冲压载荷，并提供和保持所有零部件的相对位置精度。因此，除了应有足够精度外，床身还应有足够的强度和刚度，如图 2.7.2 所示。

图 2.7.1　压力机照片

2. 运动系统

运动系统的作用是将电动机的转动变成滑块连接的模具的往复冲压运动。运动的传递路线为电动机→小带轮叶传动带→大带轮→传动轴→小齿轮→大齿轮→离合器→曲轴→连杆→滑块。大齿轮转动惯量较大，滑块惯性也较大，在运动中具有储存和释放能量并且使压力机工作平稳的作用，如图 2.7.3 所示。

3. 离合器

离合器是用来接通或断开大齿轮-曲轴的运动传递的机构，即控制滑块是否产生冲压动作，由操作者操纵，如图 2.7.4 所示。离合器的工作原理是：大齿轮空套在曲轴上，可以自由转动。离合器壳体和曲轴通过楔键刚性连接。在离合器壳体中，楔键随着离合器壳体同步转动。通过楔键插入到大齿轮中的弧形键槽或从键槽中抽出来，实现传动接通或断开。由操作者将闸叉下拉使楔键在弹簧（图中未示出）作用下插入大齿轮中的弧形键槽，从而接通传动。当操作者松开时，复位弹簧将闸叉送回原位，闸叉的楔形和楔键的楔形相互作用，使楔键从弧形键槽中抽出，从而断开传动。

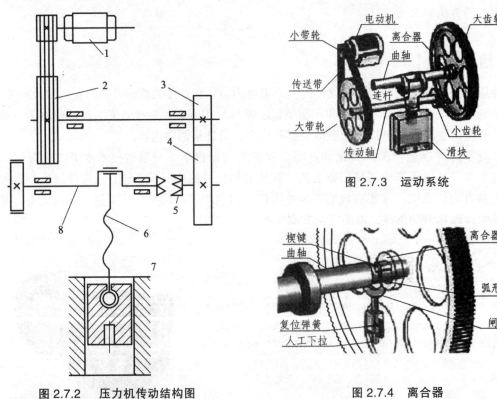

图 2.7.2　压力机传动结构图

图 2.7.3　运动系统

图 2.7.4　离合器

4. 制动器制

制动器是确保离合器脱开时，滑块比较准确地停止在曲轴转动的上死点位置。制动器的工作原理是：利用制动轮对旋转中心的偏心，使制动带对制动轮的摩擦力随转动而变化来实现制动。当曲轴转到上死点时，制动轮中心和同定销中心之间的中心距达到最大。此时，制动带的张紧力就最大，从而在此处产生制动作用。转过此位置后，制动带放松，制动器则不制动。制动力的大小可通过调节拉紧弹簧来实现，如图 2.7.5 所示。

5. 上模紧固装置

模具的上模部分固定在滑块上，由压块、紧固螺钉压住模柄来进行固定，如图 2.7.6 所示。

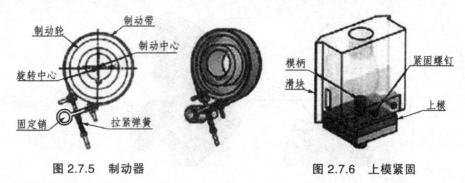

图 2.7.5　制动器　　　　　　　图 2.7.6　上模紧固

6. 滑块位置调节装置

为适应不同的模具高度，滑块底面相对于工作台面的距离必须能够调整。由于连杆的一端与曲轴连接，另一端与滑块连接，所以拧动调节螺杆，就相当于改变连杆的长度，即可调整滑块行程下死点到工作台面的距离；

7. 打料装置

在有些模具的工作中，需要将制件从上模中排出。这要通过模具打料装置与曲柄压力机上的相应机构的配合来实现。打料装置的工作原理是：当冲裁结束以后，制件紧紧地卡在模具孔里面，并且托着打料杆下端。而打料杆上端顶着横杆，三者一起随滑块向上移动。当滑块移动到接近上死点时，横杆受到两端的限位螺钉的阻挡，便停止移动，迫使打料杆和与其紧密接触的制件也停止移动。而模具和滑块仍然向上移动若干毫米，于是，打料杆、制件就产生了相对于滑块的运动，就将制件从模具中推下来，如图 2.7.7 所示。

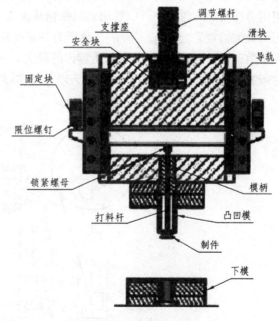

8. 曲柄压力机其他部分

导轨：导轨装在床身上，为滑块导向。但导向精度有限。因此，模具往往自带导向装置，如图 2.7.7 所示。

安全块：安全块的作用是当压力机超载时，将其沿一周面积较小的剪切面切断，起到保护重要零件免遭破坏的作用，如图 2.7.7 所示。

图 2.7.7　打料机构

漏料孔：压力机工作台中设有落料孔（又称漏料孔），以便冲下的制件或废料从孔中漏下，如图 2.7.8 所示。

床身（倾斜）：是通过对紧固螺杆的操作，使床身后倾，以便落料向后滑落排出，如图 2.7.8 所示。

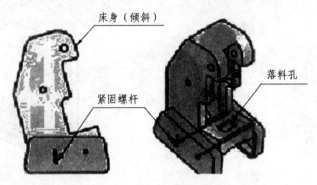

图 2.7.8　落料机构

二、压力机的选用

压力机的主要技术参数反映压力机的工艺能力，包括制件的大小及生产率等。同时，也是作为在模具设计中，选择所使用的冲压设备、确定模具结构尺寸的重要依据。

1. 公称压力

压力机滑块通过模具在冲压过程中产生的压力就是压力机的工作压力。由曲柄连杆机构的工作原理可知，压力机滑块的静压力随曲柄转角的变化而变化。图 2.7.9 所示为压力机的许用压力曲线。从曲线中可以看出，当曲柄从离下死点 30° 处转到下死点位置时，压力机的许用压力最大值规定为 F_{max}。所谓公称压力，是指压力机曲柄转到离下死点一定角度（称为公称压力角，等于 30°）时，滑块上所容许的最大工作压力。图中还显示了曲柄转角与滑块位移的对应关系。所选压力机的公称压力必须大于实际所需的冲压力。

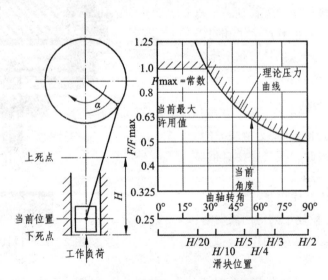

图 2.7.9　压力机的许用压力曲线

2. 滑块行程

滑块行程是指滑块从上止点移动到下止点的距离。对于曲柄压力机，其值等于曲柄长度的 2 倍。

3. 工作频率

滑块每分冲压次数反映了曲柄压力机的工作频率。滑块每分行程次数的多少，关系到生产率的高低。一般压力机的工作频率是不变的。

4. 压力机装模高度

压力机的装模高度是指滑块移动到下死点时，滑块底平面到工作台垫板上平面的高度。此高度可以通过调节螺杆进行调整，改变工作台垫板厚度也可改变这一高度，如图 2.7.10 所示。

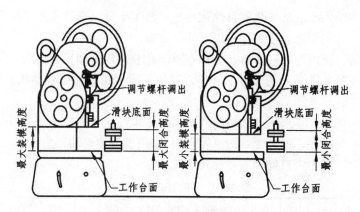

图 2.7.10　压力机装模高度

模具的闭合高度应在压力机的最大装模高度与最小装模高度之间，通常情况下模具的闭合高度与压力机装模高度的理论关系为：

$$H_{\min} - H_1 \leqslant H \leqslant H_{\max} - H_1$$

也可写成：

$$H_{\min} - M - H_1 \leqslant H \leqslant H_{\max} - H_1$$

式中　H ——模具的闭合高度；

$H_{\min}$ ——压力机的最小闭合高度；

$H_{\max}$ ——压力机的最大闭合高度；

H_1 ——垫板的厚度；

M ——连杆的调节量；

$H_{\min} - H_1$ ——压力机的最小装模高度；

$H_{\max} - H_1$ ——压力机的最大装模高度；

在生产上，可以采用这个式子：$H_{\min} - H_1 + 10 \text{ mm} \leqslant H \leqslant H_{\max} - H_1 - 5 \text{ mm}$

5. 压力机工作台面尺寸

压力机工作台面尺寸应大于冲模的相应尺寸。在一般情况下，工作台面尺寸每边应大于模具下模座尺寸 $50 \sim 70$ mm，为固定下模留出足够的空间。

6. 落料孔尺寸

设置落料孔是为了冲件下落或在下模底部安装弹顶装置。下落件或弹顶装置的尺寸必须在落料孔所提供的空间以内。

7. 模柄孔尺寸

模柄直径应略小于滑块内模柄安装孔的直径。模柄的长度应小于模柄孔的深度。

8. 压力机电动机功率

压力机电动机功率应大于冲压时所需要的功率。

三、冲压生产的机械化和自动化

车身零件的冲压生产的机械化和自动化是衡量汽车车身制造技术水平的重要标志之一。冲压生产的机械化和自动化表现在以下几个方面。

（1）坯料准备，使用卷料、带料，实现卷料的开卷、校平和钢板剪切、落料自动化。

（2）大型冲压件（尤其是覆盖件）冲压，建造不同形式的冲压自动线和机械化冲压生产线。

（3）小型冲压件，大量采用连续或自动冲模，采用高速压力机实现冲压生产的高速化。

（4）形状规则的零件（如方形、圆形零件），采用多工位自动压力机。

（5）废料排除，采用废料处理的自动化系统。

表 2.7.1　开式压力机参数

公称压力/kN			40	63	100	160	250	400	630	800	1 000	1 250	1 600	2 000	2 500	3 150	4 000
产生公称压力时滑块距下死点距离/mm			3	3.5	4	5	6	7	8	9	10	11	12	12	13	14	15
滑块行程/mm			40	50	60	70	80	100	120	130	140	140	160	160	200	200	250
行程次数(次/min)			200	160	135	115	100	80	70	60	60	50	40	40	30	30	25
最大封闭高度/mm	固定台和可倾式		160	170	180	220	250	300	360	380	400	430	450	450	500	500	550
	活动台位置	最高					300	360	400	460	480	500					
		最低					160	180	200	220	240	260					
封闭高度调节量/mm			35	40	50	60	70	80	90	10	110	120	130	130	150	150	170
滑块中心到床身距离/mm			100	110	130	160	190	220	260	290	320	350	380	380	425	425	480
工作台尺寸/mm	左右		280	315	360	450	560	630	710	800	900	970	1 120	1 120	800	800	900
	前后		180	200	240	300	360	420	480	540	600	650	710	710	650	650	700

工作台孔尺寸/mm	左右	130	150	180	220	260	300	340	380	420	460	530	530	650	650	700
	前后	60	70	90	110	130	150	180	210	230	250	300	300	350	350	400
	直径	100	110	120	160	180	200	230	260	300	240	400	400	460	460	530
立柱间距离/mm		130	150	180	220	260	300	340	380	420	460	530	530	650	650	700
活动台压力机滑块中心到床身坚固工作台平面距离/mm						150	180	210	250	270	300					
模柄孔尺寸/mm		φ30×50			φ50×70			φ60×75			φ70×80			T形槽		
工作台模板厚度/mm		35	40	50	60	70	80	90	100	110	120	130	130	150	150	170
倾斜角（可倾式工作台压力机）/(°)		30	30	30	30	30	30	30	25	25	25	25				

三、冲压生产的机械化和自动化

（一）机械化、自动化冲压生产线

冲压生产的全自动化是在单机自动化的基础上，配置工序间零件输送装置、翻转（或转位）装置、废料排出装置等，由控制装置统一协调各单机和各种装置的动作，使工件按预定的程序自动地逐步进入各种冲压工位，全部冲压成形而被进出。冲压生产的全自动化的基础是压力机单机自动化。

1. 压力机单机机械化和自动化

自动化的压力机安装了自动上、下料装置。自动下（卸）料装置最常用的是各种类型的机械手或接触器。它们大多数是安装在压力机上，也有的是单独安装。

图 2.7.11 是一种从上模接取制件的机械手。图 2.7.12 是一种用在 1 000 t 双动压力机上的气动摇臂式卸料机械手，它是一种从下模上抓取制件的机械手。

在普通压力机上实现上料要比下料困难一些，特别是成形件的上料。因为上料时的定位要求比较严格。板料在模具中如不能保证准确的定位，便会造成废品，甚至发生工装、设备事故。在普通单机的机械化上料中，主要应靠机械化装置或在模具上采取措施来保证。

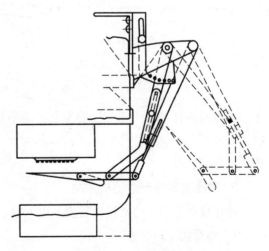

图 2.7.11　接件机械手

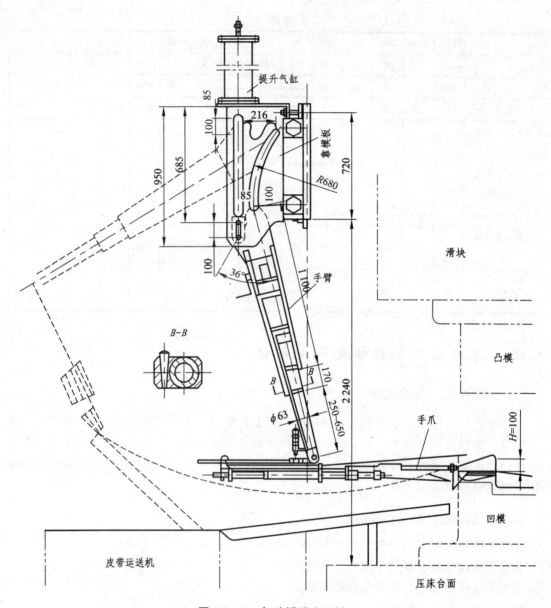

图 2.7.12　气动摇臂式机械手

大型覆盖件的第一道工序的上料，即平板件的上料还会遇到薄板料的分层问题，薄板料的分层方式有机械式、气吹式和磁力式多种。在给拉深压力机上料时，还应解决薄板料的拉深润滑油的自动涂敷问题。

2. 冲压自动生产线的机械装

冲压自动生产线的机械化装置是由上料、下料、翻转和传送等装置构成。

1）板料的上料装置

板料的上料装置也叫拆垛进给装置，是大型薄板冲压自动线必不可少的机械化装置，用于自动线第一道工序，将板料送进冲模，这种装置包括料台、举升机构、吸料进给器、涂油装置、双料检测器、上料器等部分组成。图 2.7.13 所示为一种典型的板料上料装置。

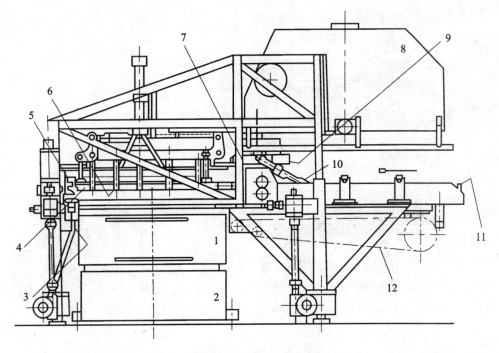

图 2.7.13   板料上料装置

1—料架；2—升降台；3—磁力分层器；4—磁性棍；5—双料检测器；6—真空吸盘；
7—涂油棍；8—凸轮箱；9—送料滑架；10—夹钳；11—挡铁；12—驱动装置

2）上、下料装置

用于两台压力机之间的下料、上料装置通常为组合式结构，同时完成工件的下料、传送和上料 3 种动作。有的还与翻转器组成一个单元，完成 4 种动作。图 2.7.14 所示为组合式上、下料装置。上、下料采用叉子结构，进料和取料又都固定于同一导架上。导架由同步电机通过曲轴凸轮和杠杆机构驱动。上、下料装置与压力机同步运转。驱动导架向前运动，使取料叉子伸入模具，将零件托起并取出，至预定位置后，导架下落，叉子将零件分置于两边的托架上。当导架第二次运动时，再将零件托起向后运动，靠分送爪将零件沿导轨托架表面向后移动一个步距。这样当零件移入上料位置时，随着导架升起，进料叉子将零件托起夹住，并将其送入下一台压力机的模具内。

3）翻转装置

在自动线的双动压力机拉深之后，常常要将零件翻转 180°。用来完成这种翻转工作的装置叫翻转装置，有的与传送装置连在一起，有的为单独的结构。翻转装置在做翻转运动时，应不需强力紧固和夹持工件，工件翻转后并得到正确的位置。翻转装置一般是由驱动系统、间歇运动机构、旋转轮和过载离合器等组成。图 2.7.15 所示为一种与上、下料器组合成一体的翻转装置。

3. 冲压自动生产线

冲压自动生产线，按其机械结构。可分为刚性连接的自动线和柔性连接的半自动生产线。

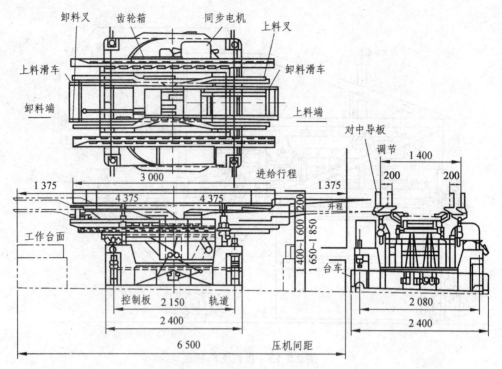

图 2.7.14　组合式上、下料装置

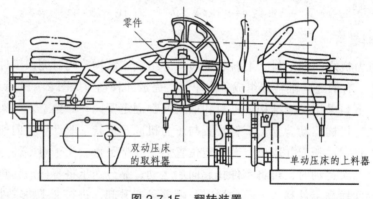

图 2.7.15　翻转装置

1）柔性冲压自动生产线

柔性连接的自动线调整方便，机动灵活，通用性较好，它不像刚性连接的自动线要求那么高，压床间距离不一定相等，也不一定要求压床距离间零件工位成倍数。这种自动线大致有两种类型：

（1）人工上料、机械手取料或部分人工上料，部分机械化上料，机械手取料。多数是压床间采用皮带式运输机将各工序连接起来，除卸件（取件）用各种机械手外，上料和定位基本上靠人工操作或部分靠人工操作，部分机械化推进，人工定位。这种生产线由于自动化程度不同，而生产效率悬殊也较大。

（2）虽然上、下料都用机械化装置，但未实现电气互锁和同步系统，靠人工进给信号间歇操作。图 2.7.16 所示为机械装置由压力机驱动的冲压自动生产线。机械装置由压力机驱动，同步可靠，故障少，可以获得较高的生产效率。

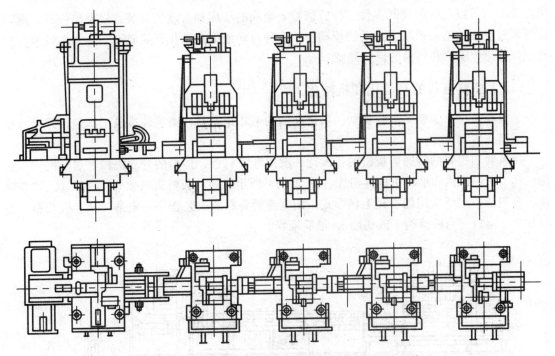

图 2.7.16　机械装置由压力机驱动的柔性自动冲压线

2）刚性自动冲压生产线

刚性连接的自动线由一个贯通全线的刚性滑架构成，整个滑架与压力机同步动作，分别完成包括夹紧、进给、松开、复位等动作在内的工作循环（见图 2.7.17）这种自动线要求压

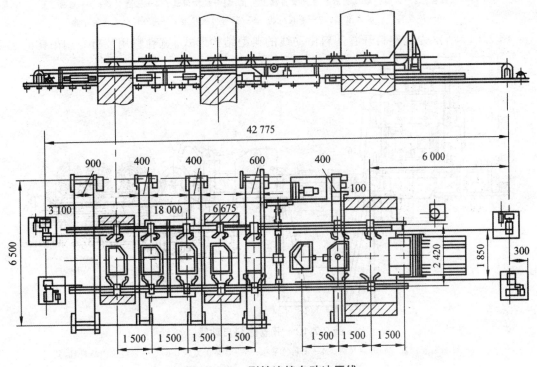

图 2.7.17　刚性连接自动冲压线

床间距离相等或压床距离间零件工位成倍数。全线的压床和自动传送装置以及出件器、翻转器等通过统一的动力系统，自动协调动作。这种自动线的自动化程度较高，通用性较差，要有很好的定位能力和可靠的保险装置。

（二）坯料准备的自动化和机械化

毛坯准备工作主要是板料剪切。如果使用的毛坯是卷料，则毛坯准备工作包括开卷、校平、落料或剪切。

用来剪切板料的普通剪板机的机械化一般由升降料台、板料的分放机构、送料机构、定位机构、出料机构和堆垛机构等组成。图 2.7.18 所示普通剪板机机械化的一种形式。宽卷料是车身制造巾广泛采用的一种毛坯形式，用宽卷料备料的工艺程序一般是：开卷机开卷、多辊校平、落料、力机落料（或切断），最后堆垛。

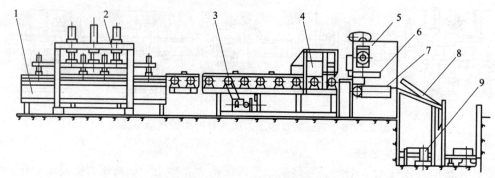

图 2.7.18 板料剪切机械化生产线

1—升降台；2—带有抓取机构的可移式板料放里装置；3—机动滚道；4—送进装置；5—剪板机；
6—防板料下沉磁力滚道；7—下料机构；8—下料转换机构；9—坯料起重运输小车

图 2.7.19 所示为宽卷料开卷落料白动线的典型结构形式。宽卷料用装有专用吊钩的起重

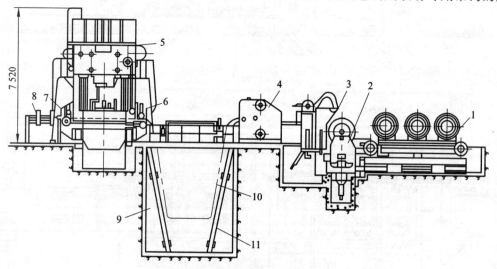

图 2.7.19 开卷落料自动线

1—送料装置；2，3—开卷装置；4—多辊校平机；5—落料压力机；6，7—双边滚式送料机构；
8—堆垛机构；9—下料地坑；10—缓冲带；11—门式框架

机吊送到送料装置 1 上，然后装夹在开卷装置 2 和 3 上进行开卷并进入多辊校平机 4。当料尚未进入双边滚式送料机构 6 和 7 时，装在缓冲带 10 的下料地坑 9 两侧的门式框架 11，用于支承在地坑上的卷料端部。门式柜架用液压缸提升到水平装置，在卷料端头进入 6 和 7 的进给滚子后，框架便下降到图示位置。这时开卷机在手控操纵下，使卷料下降到地坑内，成为一个缓冲带（补偿环），以补偿卷料在开卷校平部分连续运行和进入落料（切断）冲模时间歇动作速度的差异。在地坑内的一侧，装有等距垂直排列的 4 个光电反射器，当卷料下落到坑底时，阻挡了所有的光束，信号便给开卷装置，使驱动开卷装置的直流变速电机停止，从而使卷料进给中断。当卷料进入双边滚式送料机构，由于送进速度使缓冲带长度缩短时，开卷机的驱动电机通过光电控制改变转数，使缓冲带保持足够的长度。如果自动送料的进给速度很快，使 4 个光电发射器全部露了出来，则自动送料机构的驱动电机便自动停止。

（三）废料处理的机械化和自动化

大批量汽车车身冲压生产中，冲压后废料的排送和处理是车身制造中不可缺少的工艺过程，因为废料所占材料的比例高达 25%～40%，废料处理的一般过程如下：

（1）废料的收集。从压力机冲模上排除下来的或小型输送带排除出来的废料经废料收集洞口落入地下室的废料输送带上。

（2）将废料运到处理车间。

（3）在自动打包机上打包（压缩）成块。

（4）将压好的废料块运送出冲压厂房。

废料处理的机械化自动化系统如图 2.7.20 所示。

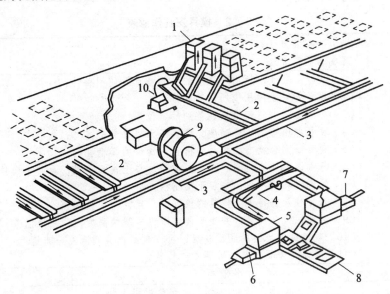

图 2.7.20　废料处理系统

1—冲压生产线；2—废料轴送带；3 主传送带；4—分配传送带；5—装料漏斗；
6、7 液压打包机；8—废料传送带；9—翻转器；10—备用小车

废料经安装在冲模上的废料刀切成一定长度（一般不大于 600 mm），然后利用各种不同的方法排除到开设在压力机前后基础盖板的洞口中，并经洞口下的滑槽落到收集废料的传送

带 2 上。废料运输带将废料传送到主传送带 3 上，经分配传送带 4 分别运送到装料漏斗 5 中，然后装入液压打包机 6 和 7 中进行压缩，经打包机压缩成块的废料被自动推出并经滚子传送器落入废料传送带 8 上，最后集中运走。

收集废料的传送带 2 也可以逆向运转，当主传送带 3 的某一部分出现故障时，传送带 2 反转，将废料运人带有轮子的废料收集于备用车 10 中，并经翻转器 9 将废料翻转到物送带上，其后面的过程与前述相同。

【任务实施】

（1）装模前要了解所用冲压模的结构特点及使用条件。

（2）准备好安装冲压模所需的配件。

（3）将压力机的打料螺栓调整到最上位置。

（4）测量冲压模的闭合高度，调整压力机的装模高度。

（5）将处于闭合状态的模具沿槽推人滑块的模柄孔内。

（6）仔细调整压力机滑块高度，使滑块与上模面接触，再装上模具夹持块。

（7）紧固模具夹持块，安装下模压板。

（8）靠导柱导套将上下模具的位置导正后，将压板螺栓拧紧。

（9）空冲试机几次后，并逐步调整压力机滑块高度，先用硬纸条料进行试冲。

（10）观察试件周边的断面状况，可以判断模具间隙的分布情况。

（11）若模具需要打料，再调整打料装置。

模具安装作业如表 2.7.2 所示。

表 2.7.2　模具安装作业表

（1）学习模具在压力机上的安装方法； （2）学习压力机滑块高度的调整方法			
模具安装注意事项	（1）装模前要了解所用冲压模的结构特点及使用条件； （2）准备好安装冲压模所需的配件； （3）将压力机的打料螺栓调整到最上位置； （4）测量冲压模的闭合高度，调整压力机的装模高度； （5）将处于闭合状态的模具沿槽推入滑块的模柄孔内； （6）仔细调整压力机滑块高度，使滑块与上模面接触，再装上模具夹持块； （7）紧固模具夹持块，安装下模压板； （8）靠导柱导套将上下模具的位置导正后，将压板螺栓拧紧。 （9）空冲试机几次后，并逐步调整压力机滑块高度，先用硬纸条料进行试冲； （10）观察试件周边的断面状况，可以判断模具间隙的分布情况； （11）若模具需要打料，再调整打料装置		
任务实施过程	作业内容	作业要领	检查记录
	模具安装工具选用	压力机、模具、活动扳手、内六角扳手、拗杠、模具安装附件、提升设备等	
	模具安装	试机几次后，并逐步调整压力机滑块高度，先用硬纸条料进行试冲，观察试件周边的断面状况，可以判断模具间隙的分布情况	
	安装结论		

【项目测练】

1. 简述汽车覆盖件冲压设备的特点和压力机的分类。
2. 压力机的技术参数包括哪些指标？
3. 简述汽车覆盖件冲压设备的发展趋势。
4. 分析图 2.7.21 中发动机盖的冲压工艺；分析冲裁变形过程；对落料模具进行结构分析；编写冲压工艺过程表；制作该零件并分析其质量；
5. 分析图 2.7.22 车身侧围的冲压工艺；分析冲孔工艺过程；对冲孔模具进行结构分析；编写冲压工艺过程表；制作该零件并分析其质量。

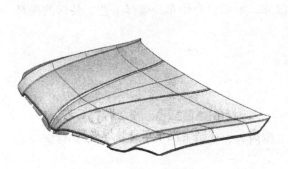

图 2.7.21　发动机盖

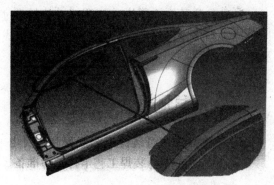

图 2.7.22　汽车侧围板

项目三　汽车车身装焊工艺

项目描述

　　汽车车身是由大量的薄板经过冲压后通过装配和焊接而形成的一个复杂结构体，故而车身装焊工艺成为汽车车身制造工艺的重要组成部分。本项目介绍车身装焊工艺，装焊的夹具及装焊生产线。

项目目标

➢ 了解汽车车身装焊工艺规程和车身电阻焊、二氧化碳保护焊、激光焊接工艺。
➢ 掌握汽车车身装焊工艺卡片编写准备工作内容；能够确定汽车车身装焊夹具定位基准。
➢ 能正确操作汽车车身装焊夹具，操作各种焊接仪器。
➢ 清楚汽车车身装焊质量控制分类和方法。

项目任务

➢ 任务一　汽车车身装焊工艺规程的编制
➢ 任务二　车身装焊件在夹具的定位与夹紧
➢ 任务三　车身电阻焊工艺
➢ 任务四　二氧化碳气体保护焊工艺
➢ 任务五　激光焊接工艺
➢ 任务六　汽车车身装焊质量控制

项目实施

任务一　汽车车身装焊工艺规程的编制

【任务分析】

车身装焊工艺规程的编制，需对工艺审查和工艺路线分析后，根据各个工艺需要的尺寸和公差，依据现有设备和场地进行编制。

【相关知识】

一、编制汽车车身装焊工艺规程前的准备工作

1. 零件分析及工艺审查
通过零件图的分析和工艺审查确定必要的技术条件，保证在满足使用要求的前提下，尽量降低加工精度及成本。

2. 工艺路线的分析
（1）产品的分块。同类型车身的分块基本相同，但各总成之间的连接方式及顺序往往有较大区别。如车型车身中分为承载式车身和非承载式车身，其某些结构（如侧围）和连接方式就不相同。

（2）基准。车身的设计、制造、检验均建立在同一坐标系上，在车身设计时一般已经考虑到装配、焊接、总装配和搬运过程中所需要的基准（孔、面），车身装焊的整个过程必须建立在一定的基准上才能保持整车的几何形状和尺寸，同时这些基准也是夹具设计、制造、调整、检测和维修的基准。

（3）确定车身装配的几何精度及检测基准面。几何基准是零件或部件的某个明显部位，用来确定该零部件在 X、Y、Z 坐标系统内的理论位置；准确的零部件基准用以保证装配的几何形状的准确性，因此基准位置对零部件装配有很重要的作用。

（4）确定装配顺序。

（5）焊点分析。焊点的种类一般分为两种，结构焊点和工艺焊点。结构焊点是为了达到产品性能而设计的，所有焊点均为结构焊点，除非焊接图纸上特别注明工艺焊点；所有结构焊点应符合结构样式。工艺焊点是为了简化在线工艺装配，但在工艺焊点的产品结构性能不作要求；工艺焊点必须接受产品设计部门的认可，并在焊接图纸中注明。

（6）焊点分组，车身每个总成上都要完成许多焊点，在编制工艺时须对焊点进行分组，即将 1 把焊钳在 1 个工作节拍内完成的焊点分为 1 个焊点组。

3. 确定各工序中的尺寸及公差
工序中的尺寸以及公差均需要严格控制。

4. 确定各工序所采用的设备与工装
不同的焊接设备对应了车身不同的范围，需要进行确定汽车焊接所采用的方法。常用的焊接方法及应用范围如表 3.1.1 所示。

表 3.1.1　常用的焊接方法

序号	焊接方法	分类	应用范围
1	电阻焊	悬挂式点焊	车身分总成

续表

序号	焊接方法	分类	应用范围
1	电阻焊	机器人点焊	车身分总成
		固定点焊	车身零部件
		凸焊	螺母板、小分装件
		螺柱焊	分总成
		焊螺钉	分总成
2	熔化极气体保护焊	电弧、CO_2 气体保护焊	仪表骨架总成、车身分总成
		CO_2 气体保护焊	补焊车身分总成
		氩弧焊	补焊车身总成
3	钎焊	氧—乙炔焊	改制、补焊车身及分总成

5. 确定工序的工时定额

工时定额=焊接工作时间+辅助工作时间。每一工位或工序的时间定额一般由装件、夹具动作夹紧、焊接、松开夹具和将工件送至下一工位的时间累计构成，也可用焊接时间放大而得出，即概算定额，工序时间定额（工时）=焊接工作量÷焊接速度+辅助工作时间。

6. 编制工艺卡

工艺卡大致的内容如下所述：

（1）焊件（总成或合件）简图一般为轴测图（立体图），图中标出进入装配冲压零件的名称、图号及数量，同时标出焊点的位置、数量，施焊的顺序；各种标准件如螺母、螺柱、支架等位置、数量及焊接方法。

（2）工艺过程描述：从工件（零、合件）的装入、定位夹紧、焊接及焊后将合件送往下一工序的整个过程，按先后顺序既简单又全面的描述。

（3）工序所采用的央具、设备、辅具及工具的名称、编号及数量作定性及定量分析。

（4）给出工序的时间定额。

二、需要具体编制的工作

1. 零件分析及工艺审查

就车身装焊工艺编制而言，首先要有产品数学模型，从数学模型中明确零部件的结构尺寸以及位置关系。其次是产品全套图纸，在图纸中可以获得零部件的各关键尺寸以及公差，例如工艺孔的形状、尺寸。再就是要有样车和样件（包括整车车身总成、各大总成、分总成以及冲压样件）。最后还要有产品零部件明细表，例如产品零件设计清单。在编制工艺卡的时候要具备产品数学模型、产品全套图纸、冲压样件三者之一。正常状态下，零部件明细表是在设计完毕后就已经存在了，即便没有前 3 项中也可以分析出来（这就是生产定额配置部门的责任了）。如果没有数学模型那么需要提供冲压样件以及零件图纸辅助。

2. 工艺路线的制订

进行产品分块,然后定基准。

定基准时对照零件图中给出的基准,对照焊接夹具,实际生产中是以这些基准来定位的。基准有几个应该注意的方面:

(1)基准的统一性,在焊接过程中基准是逐渐传递的;

(2)基准要便于测量;

(3)基准应保证零件的准确定位;

(4)基准应考虑便于焊接操作。

基准也是由研发部门设计完成的,是工厂工艺人员重要的技术资料,有许多问题都是由于基准不重合而产生了装焊误差以及定位基准偏离理论基准公差值范围内导致的焊接质量不稳定。在夹具制造与安装调试过程中必须严格控制基准的准确度。

装配时车身的每个冲压件、分总成和总成都必须严格按照顺序进行组装、焊接从而完成这个车身焊接的,每个零件的装配顺序必须保证能完成全部焊接工作且便于焊接。所以装配顺序的制订很重要。

定车身焊点时,虽然在设计阶段焊点就已经确定,但在实际生产中还要进行焊点的再次修正。因为有些焊点的理论位置会在实际生产中与夹具干涉,以及焊枪的可达性不够而偏离,还有些是因为设计焊点的强度难以保证整车质量而要增加焊点数目甚至调整焊机参数。在编制工艺卡的过程中在引擎盖锁钩、撞针装焊工序中会出现工艺焊点,由于锁钩要进行 CO_2 烧焊,而锁钩位置在夹具中不够稳定不便于烧焊所以在烧焊前要利用点焊固定锁钩。相对复杂的工件之间的焊接,往往需经过组装、补焊的过程完成。在组装工位,由于生产节拍限制、设备数量布置空间需要和夹具有效空间占用等原因,不可能完成全部焊接工作,但必须完成部分焊点,这些焊点应能保证工件离开夹具时的形状尺寸,这部分焊点称为定形焊点,一般情况下定形焊点占总焊接点数的1/3左右。定形焊点也是结构焊点。

焊电分组时,在焊点的再分配过程中需要了解如下几点:

(1)焊接接头分为搭接接头、对接接头、丁字接头。

(2)点焊接头的最小搭边公式:$b = 4\delta + 8$(当 $\delta_1 < \delta_2$ 时,按 δ_2 计算),其中 b 为搭边宽度;δ 为板厚。

(3)焊点间距的一般要求,应保证焊点强度和技术要求的前提下焊点间距尽可能大些,焊点间距过小会产生分流且焊点的间距应均匀,允许的差值为最大间距除以最小间距值小于1.5。

3. 焊接的设备和相关参数确定

1)点焊焊机以及焊枪

焊机的选择建厂的初期采购完成。焊机的参数调整,在正式焊接之前都要进行切片焊接试验,即将车身焊接用的钢板切片然后进行编号(即是将焊接用的两层或三层切片编为一个号码)再进行点焊,然后对焊点的质量进行破坏性检查。如果焊点的质量合格那么就把焊机的参数记录下来,这就是将来焊接车身时候的焊机参数。焊钳选型是在焊点分组工作完成后进行,确定焊点组的数量即焊钳的最小数量,根据工件的形状及尺寸确定焊钳的形式(X形、C形)及喉深、开挡、行程、电极形状,焊钳的吊挂形式(横吊、纵吊、转环)根据焊点位置和操作位置确定。焊钳型号的确定要在夹具总图设计完成之后，根据选定的焊钳制造商提供的型谱进行焊钳型号的选择，对于在型谱中找不到合适焊钳焊接的焊点，需要重新设计焊钳与之匹配。

2）熔化极气体保护焊机和焊枪

这里主要对 CO_2 气体保护焊进行说明。CO_2 气体保护焊的工艺参数主要有几种：

（1）焊丝直径，焊接薄板或中厚板的立焊、横焊、仰焊时，多采用直径 1.6 以下的焊丝，在平焊位置焊接中厚板焊接时可采用直径大于 1.6 的焊丝；

（2）焊接电流，通常直径为 0.8 ~ 1.6 mm 的焊丝，在短路过渡时，焊接电流在 50 ~ 230 A 范围内选择，粗滴过渡时，焊接电流可在 250 ~ 500 A 内选择；

（3）电弧电压，随着焊接电流的增加，电弧电压也应相应增加，一般来说短路过渡时电压为 16 ~ 24 V，粗滴过渡时电压为 25 ~ 40 V；

（4）焊接速度，也是焊接工艺参数的一个重要因素；

（5）焊丝伸出长度，伸出长度过大焊丝会成段熔断，飞溅严重，气体保护效果差，过小不但容易造成飞溅物堵塞喷嘴，影响保护效果，也影响焊工视线；

（6）CO_2 气体流量，通常细丝 CO_2 焊时气体流量约为 5 ~ 15 L/min，粗丝 CO_2 焊时气体流量约为 15 ~ 25 L/min。

三、装焊流程举例

图 3.1.2 为某载货车装焊流程。

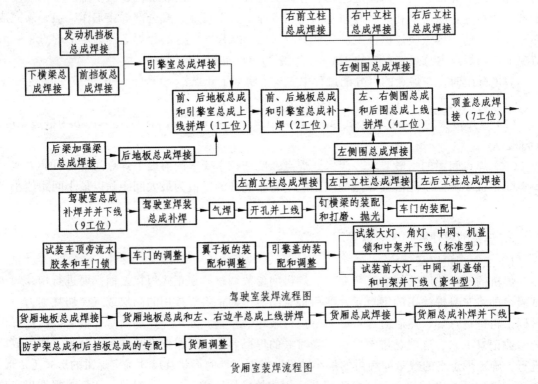

图 3.1.2　某载货车装焊流程

【任务实施】

汽车装焊工艺规程文件编制如表 3.1.2 所示。

表 3.1.2 某汽车装焊工艺规程文件编制作业表

（1）对某汽车装焊工艺进行工艺审查和工艺路线分析； （2）会正确编制某汽车装焊工艺规程文件			
某汽车装焊工艺规程文件编制注意事项	（1）注意装焊夹具基准的确定； （2）夹具定位基准与车身焊点之间的干涉； （3）车身焊接方法和设备的确定； （4）参照车身结构和特点，仔细制定焊接规格和参数； （5）焊点需要按照焊接设备进行分组		
任务实施过程	作业内容	作业要领	检查记录
	某汽车装焊工艺基准确定	统一基准，在焊接过程中基准是逐渐传递的；基准要便于测量；基准应保证零件的准确定位； 基准应考虑便于焊接操作	
	某汽车装焊工艺卡片编写	在老师的指导下编写装焊工艺卡片	
	作业总结		

【项目测练】

1. 简述汽车车身装焊工艺编制的基本流程。
2. 如何合理地确定汽车车身装焊工艺基准？
3. 如何防止焊点和定位基准之间的干涉？
4. 在进行汽车车身装焊工艺编制时，如何正确选用设备？

任务二　车身装焊件在夹具的定位与夹紧

【任务分析】

了解车身装焊的各种夹具，找到这些夹具定位基准。明白这些夹具是如何夹紧的。

【相关知识】

车身装焊夹具还没有统一规格和标准化，均属于非标准设计和制造的工艺装备，是根据具体各车型的结构特点、生产条件和实际需求来自行设计与制造的。

一、车身装焊夹具的常见结构

车身装焊夹具的常见结构有定位元件和夹紧元件。夹具常用定位方式有面、孔定位两种

（即有定位板、定位销）。

1. 定位板

目前，有两种设计方法，主要差别在于定位板是否可以调整，如图 3.2.1 所示。定位块与支架分别设计加工，采用孔定位方式，通过销的位置精度来保证定位板定位精度，便于调整装配及测量。若冲压件断面形状庞大，为了便于调整。图 B 型有活动定位块，通过调整垫片数量的增减来调整定位块的精确位置。

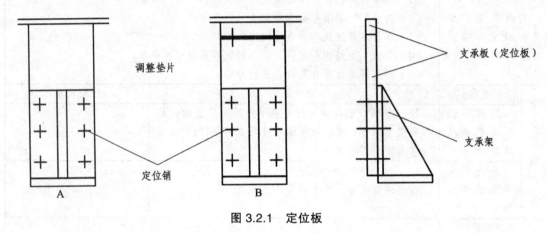

图 3.2.1　定位板

2. 定位销

定位销的直径略小于工件上的孔径，其位置精度为 0.1 mm，尺寸公差为 0 ~ 0.1 mm。常见为固定式、移动式两种，图 3.2.2 所示为固定式定位销。

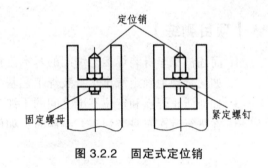

图 3.2.2　固定式定位销

二、车身装焊的夹具定位

1. 确定夹具的设计基准

在车身设计时一般已经考虑到装配、焊接、总装配和搬运过程中所需要的基准（孔、面），车身装焊的整个过程必须建立在一定的基准上才能保持整车的几何形状和尺寸，同时这些基准也是夹具设计、制造、调整、检测和维修的基准。为了保证车身零件正确的装配和保证装配精度，在装焊工装设计中也采用了与汽车车身产品图相同的标准方法，都以空间三维坐标（坐标网格线）来标注尺寸，从而使装焊夹具的空间位置与被焊工件位置一致。装焊夹具的设计基准与汽车车身产品图的设计基准相同，在装焊夹具的底座及大型的平面上都按设计基准设计出基准刻线。

2. 明确设计依据

清楚工件的产品图，被焊工件的焊接位置、焊接顺序、焊接方式、焊钳的种类和规格尺寸、焊点数量、夹紧方式及工件先后顺序等。

3. 定位部位的选择

工件定位标准尽量采用产品图附上已有的孔或定位而，优先选择平面，尽量避免选择曲线面。否则定位板的设计和加工难度加大，同时，夹紧定位面的选择除应满足本工序夹紧定位的需要外，应尽量使本工序与下道工序特别是分总成装焊台与总成装焊台所墩的夹紧定位面选择在同一部位。这样做有利于统一定位基准，有利于提高夹具的重复定位精度，有利于简化设计，便于夹具的加工制造。

4. 注意过定后现象

在工装设计当中，允许过定位现象存在，由定位夹紧点的数量以及较差的零件刚性所确定。为了减少过定位现象，在设计过程中应优先考虑工艺孔定位。对于外形定位，其定位块的定位包容面一般不宜过大，在满足定位精度及定位稳定性的前提下，夹具定位点的数量越少越好。

三、车身装焊的夹具夹紧方式

通常定位夹紧有：手动、气动、磁力三种。

（1）手动定位夹具包括：斜楔夹紧机构、螺旋夹紧机构、偏心夹紧机构、定位夹紧机构、铰链夹紧机构、多件多位夹紧机构。

对车身焊接夹具，夹紧力主要用于保持工件装配的相对位置，克服工件的弹性变形和其了外力的影响，使其与定位支承面结合，保证装配精度。

焊接夹具常用的夹具机构为手动和气动的四连杆铰链夹紧器，图 3.2.3 是标准铰链夹紧器的计算示意图，可按下面的公式计算夹紧力：

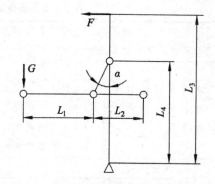

$$G = \frac{WL_2}{L_2 + L_1} ;$$

$$W = F\frac{L_3}{L_4} \times \tan\frac{1}{(\alpha + \beta)}$$

式中　F——手的作用力（一般按 80 N 考虑），N；

　　　G——夹紧力，N；

　　　α——摩擦角，（°）；

图 3.2.3　铰链铰链夹紧器的计算示意图

α 角在夹紧时一般应调在 5 ~ 10°。

气动四连杆铰链夹紧器也同此计算。此外，还可以利用杠杆原理，气缸带自锁的原理来实现工件的夹紧。其结构简单化、标准化，通过连接销轴的位置精度（±0.1 mm）和尺寸加工精度，来保证夹紧的工件精度。如需防止过紧接触而迫使冲压件变形、窜动，可设置限位块。结构设计过程中必须充分考虑清楚工作状态，最好模拟运动图，防止干涉，便于操作.

（2）气动定位夹具包括：气缸运动、真空吸盘如装配前挡风玻璃时用。

（3）磁力定位夹具包括：永久磁铁、电磁力。

四、车身装焊的夹具定位与夹紧原则

由于装焊零件是薄板冲压而成，弹性变形较大。装焊夹具多为过定位设计，结构较为复杂。夹具的定位元件有"定位—夹紧"和检验零件尺寸的功能，并通过压紧使零件适度变形到位，起到校正原始尺寸的功能。针对钣金冲压件批量的尺寸不稳定变化，其定位、夹紧的单元应在二维或三维方向上具有可调性。

汽车单个零件一般采用二销（二孔）二型面的"定位—夹紧"原则。特别大的零件工件，因薄板钣金件的弹性变形大，可适当增加销（孔）与型面的定位—夹紧，以保证局部焊接的稳定性。

定位尺寸一致性传递原则：根据基准一致的原则，定位尺寸基准与车身装配基准和车身设计基准应尽量保持一致，以减少积累误差）。即不同工序，不同夹具定位尺寸应一致。

总成件上大多数点焊接头操作可视是在夹具上的位置依据。

较复杂、大尺寸的零件为先，其余散、小件随后装上夹具并依次定位—夹紧。

各定位夹紧元件应能满足二维或三维可调原则。

装焊夹具各定位夹紧机构具有开敞性，确保装卸工件方便、无干涉，操作空间顺畅，无局促感。

【任务实施】

车身装焊件在夹具的定位与夹紧作业如表 3.2.1 所示。

表 3.2.1　车身装焊件在夹具的定位与夹紧作业表

（1）对某汽车车身装焊件进行夹具定位基准确定； （2）明白车身装焊夹具的夹紧方式			
车身装焊件在夹具中的定位与夹紧注意事项	（1）注意装焊夹具基准的确定； （2）过定位现象的出现； （3）夹具定位基准与车身焊点之间的干涉； （4）气动夹紧的适用范围； （5）手动夹紧的适用范围		
任务实施过程	作业项目	作业内容	检查记录
	汽车车身装焊的夹具定位	车身焊接位置夹具和夹紧机构定位基准的确定	
	汽车车身装焊的夹具夹紧	在老师的指导下对车身一焊接位置利用自行调试夹具进行夹紧	
	作业总结		

【项目测练】

1. 简述汽车车身装焊的夹具分类。

2. 如何合理地确定汽车车身装焊夹具的定位基准？

3. 什么是夹具的过定位？

4. 在进行汽车车身装焊夹具进行定位和夹紧时，要遵循哪些原则？

任务三 车身电阻焊工艺

【任务分析】

进行车身电阻焊，需要掌握合理的焊接工艺规范，了解恰当的工艺保证措施和操作细节。

【相关知识】

电阻焊是车身装配时的主要工艺手段，其具有快速、高效、变形小、无需或少需辅助材料、易于掌握、易于实现机械化和自动化及环境污染小等优点，而且对于低碳钢薄壳结构的零件特别适用，所以在车身装焊中电阻焊应用最多。在车身底板、侧围、车架、车顶、车门及车身总成等部分的焊装中，大量采用电阻点焊工艺。据统计，每一辆轿车车身上，有 4 000 ~ 6 000 个电阻点焊焊点。例如，上海大众帕萨特的车身装配中，每辆车的总焊点数达到 5 892 点。因此，提高点焊质量对保证车身装配质量，控制车体误差有着深远的意义。

一、电阻焊原理

电阻焊又叫接触焊。它是通过内部热源将工件熔化结晶形成焊接接头的方法。

（一）电阻焊的特点

（1）采用内部热源——利用电流通过焊接区的电阻产生的热量进行加热。

（2）必须施加压力——在压力的作用下，通过加热、冷却形成接头。

电阻焊的热源：当电流通过导线时，能使导线发热，若改变导线电阻就能调整其发热程度。接触焊时电流通过焊件发热量的大小按焦耳-楞次定律确定：

$$Q = 0.24I^2Rt$$

式中　Q——所产生的热量，J；

　　　I——焊接电流，A

　　　R——电极之间的电阻，Ω。

电阻焊电阻如图 3.3.1 所示：

分流：点焊时不经过焊接区，未参加形成焊点的那一部分电流叫作分流电流，简称分流。

焊接参数：包括焊接电流 I_w，焊接压力 F_w，通电时间 T_w，电极端面几何尺寸、形状等。

接触电阻的形成：任何零件表面都不是绝对光滑的，即使经过抛光，研磨的零件表面在显微镜（25 ~ 100 倍）下观察也是凸凹不平的，在压力的作用下两零件总是部分接触，当电流从这些点通过时，由于导电面积突然减小，造成电流线的弯曲与收缩，这样形成了接触电阻。

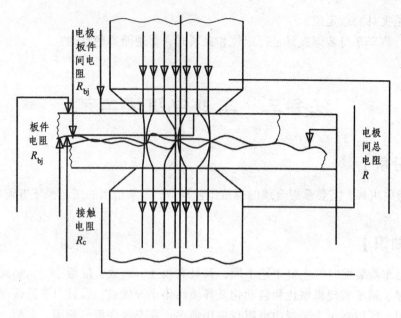

图 3.3.1　点焊时电阻的组成

R—总电阻；R_b—板件电阻；R_{bj}—电极板件间电阻；R_c—接触电阻

（二）焊接循环的过程

1. 预加压力

预加压力的作用是使焊件在焊接处紧密接触。接触电阻的大小与压力有关，随着压力的增大，接触电阻将减小。如果压力不足，则由于接触电阻过大，有可能导致烧穿焊件或将电极的工作表面烧坏。为此，在焊接电流接通之前，电极压力就应该达到一定的值，使电极与焊件间，焊件与焊件间保持一定的接触电阻。

2. 焊接（通电加热）

（1）熔化核心的形成：焊件通电后，两电极接触表面之间的金属圆柱内，由于电流密度最大，依靠接触电阻和焊件内部电阻所产生的热量最多，因此，温度主要集中在两电极接触表面之间的金属圆柱内。而圆柱体以外的金属，因电流密度小，温度不高。电极与焊件间的接触电阻所产生的热量，虽然与两焊件的接触电阻所产生的热量差不多，但因电极与焊件间所产生的热量被水冷却的铜电极所传走，造成电极与焊件间接触的温度要低得多，因此在正常情况下，只有核心焊点才被加热到熔化状态，并在电极压力下形成焊点。

（2）熔化核心直径和焊透率：为保证焊点的强度，焊点必须具有一定的熔化核心直径和焊透率。焊点核心直径应随焊件厚度的增加而增大，一般可按下式近似确定：$d_{核} = 2\delta + 3$（δ为两焊件中较薄焊件的厚度）。

所谓焊透率，就是熔化核心的深度所占焊件厚度的百分比,最理想的焊透率是 50% ~ 70%。

通电加热时，在电极压力作用下，焊件表面会形成压坑。当加热过甚，电极压力太大或者金属飞溅较多时，更会使压坑加深。压坑深度一般不应超过焊件厚度的 20%，因为压坑过深会降低焊点的强度。

3. 顶　锻

由于焊件金属都具有热胀冷缩的特点，当焊点加热结束后，熔化核心外的焊件金属首先冷却，限制和核心的收缩，这样使熔化核心的凝固相当于在一个比较冷的和周围密闭的模子中进行，所以在核心中容易形成缩孔。此外，金属的冷却收缩，在接头内将产生内应力，当核心中存在脆性组织，或在高温下的金属强度很低，不足以克服收缩所产生的拉伸内应力时，还会在核心中产生裂纹。为克服以上缺陷，焊接加热结束后，不应立即去除电极压力，必须维持一定的顶锻时间，使焊件继续在电极的压力下产生挤压变形，以弥补金属冷却时的收缩。

4. 休　止

焊接过程结束，等待下一焊接循环的开始。

（三）车身电阻焊工艺规范

1. 焊接电流

由于镀锌层使焊接接触面电阻减小，接触面增大，为获得与低碳钢板同样大小的熔核，经试验，焊接电流一般需提高 15% ~ 30%。镀锌层越厚，所需焊接电流越大。

2. 焊接时间

焊接时间的长短，主要影响焊件间熔化的锌层能否尽可能挤出熔核并均布于焊点周围。一般焊接时间需增加 20% ~ 35%。但也不宜过长，否则焊件与电极温升过高，破坏锌层，降低电极使用寿命。

3. 电极压力

焊接时，为尽快将熔化的锌层挤出焊接区，降低残留在熔核内部的含锌量；另外，由于镀锌钢板点焊时焊接电流较大，为避免产生飞溅，镀锌板焊接时电极压力需增加，一般需比低碳钢板增加 10% ~ 25%。以上焊接规范参数是基于只有一次加热过程的系列控制器的条件下通过试验及生产应用所得出的一个基本规范特点。对镀锌板点焊，使用目前较先进的微机控制器，可以得到更好的焊接质量效果。

（四）焊前的表面清理

进行焊接时，若工件上存在着锈蚀、油污等污垢，这将会增大接触电阻，由于接触电阻是形成内部热源的主要因素之一，它将形成前期飞溅和后期飞溅，导致焊点质量下降，严重时导致工件烧穿，因此焊接前必须保证工件清洁。

在焊接车间会经常见到焊接火花的产生，这种火花焊接中称之为电焊飞溅，其主要包括：前期飞溅和后期飞溅。

如果电流过大加热过急，而周围塑性环还未形成时，被急剧加热的接触点由于温度上升极快，使内部金属气化，当内压力过大时便以飞溅形式向板间缝隙喷射这称为前期飞溅（指熔化核心尚未形成以前的飞溅）。

当形成最小尺寸熔核后，继续加热，热场不断扩展，熔化金属与塑性区温度的等温线不断向外扩展，当熔化核心沿径向的扩展速度大于塑性区变形速度时，产生后期飞溅。如果熔化核心轴向增长过高，在电极压力作用下也可能冲破塑性环向表面喷射，形成外部飞溅。

点焊飞溅带来的危害及点焊飞溅消除的方法如下：

（1）点焊飞溅的危害。

① 影响空间气氛，有碍环境保护与安全，对有高速旋转的产品，细小的金属飞溅有时能造成严重的破坏事故。

② 飞溅使核心液态金属减少，表面形成深度压坑，影响美观更降低了机械性能。

（2）消除点焊飞溅的方法。

当产生飞溅时（常指前期飞溅）应适当提高电极压力，降低加热速度（采用电流密度小的软规范）控制好温度场的分布与材料塑性变形速度。

在实际焊接工作过程中，有时候为提高焊接效率或提高焊点质量，根据焊接电流和焊接时间的不同，可以分为软规范和硬规范。

硬规范是电流大，焊接时间短。相反，软规范是电流小焊接时间长。

因为硬规范加热速度快，焊接区温度场分布陡，加热区窄，表面质量好，接头过热组织少，接头综合性能好，生产效率高，只要规范控制较精确，而且焊机功率足够（包括电与机械方面），便可采用。但因加热速度快，如果控制不当，易出现飞溅等缺陷，所以必须提高电极压力 F_w，以避免出现缺陷，以获得较稳定的接头质量。

软规范温度分布平缓，塑性区宽，其加热速度慢，对规范波动敏感性低，对机械加压系统要求不高。加热区宽使软化区增宽，热影响区晶粒长大严重。一些材料则可能因某些成分的析出而使接头性能变坏。

（五）镀锌板点焊性能特点

与低碳钢板相比，其可焊性有如下特点：

（1）接触电阻小。点焊开始时，焊件之间实质上是锌与锌的接触，由于锌的硬度、电阻率较低，焊接开始时焊件之间接触电阻小，不利于熔核的形成。

（2）焊接电流密度小。由于镀锌层熔点较低（692 K），焊接过程中，焊件间的镀锌层熔化后挤出，增大了焊件间的接触面积，使焊接电流密度减小。同时，电流场的分布随着锌的熔化情况而变化，使电流密度不稳定，影响熔核的形成及大小。

（3）焊件与电极易沾污或形成台金，电极寿命短。

焊接时，电极和焊件接触面上的锌层熔化后，与电极工作面粘接，使电极表面形成锌铜合金，导电、导热性能变差，表面强度下降，同时也易使焊件表面镀锌层遭破坏，特别是连续点焊时，电极头易过热变形，焊点强度逐渐降低，甚至产生未焊透。

综上所述，与低碳钢相比，镀锌钢板的可焊性较差。

二、车身电阻焊设备

1. 车身电阻焊设备分类

点焊机的种类很多，其分类情况如下：

（1）根据用途可分为：通用、专用、特殊的。

（2）根据安装方式可分为：固定式和移动式。

（3）根据同时焊接的点数可分为：单点式和多点式。

（4）根据焊接电流及脉冲方式可分为：交流式、直流式、低频式、电容式。

2. 悬挂式点焊机

悬挂式点焊机是目前车身焊装生产线上的主要设备，一个车身焊装车间一般有 200～300台悬挂式点焊机，用于车身的各个部位的装配点焊，特别用于点焊焊接位置复杂多变的部件。这种焊机在使用中为了移动方便，常常把变压器和焊接工具悬挂在空中，故又叫悬挂式点焊机，它的焊接工具多做成钳式（焊钳）或枪式（焊枪）。它们与变压器之间用一种特殊的电缆连接，称为有电缆悬挂式点焊机，如图 3.3.2 所示。其优点是移动方便，适合于大总成的点焊，劳动强度低，其缺点是二次回路长，功率损耗大。另一种为无电缆悬挂式点焊机，如图 3.3.3 所示。它的焊接工具部分和变压器直接相连，其优点是由于没有二次回路中电缆损耗，

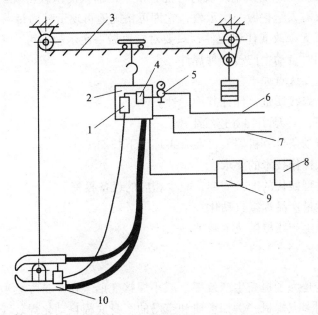

图 3.3.2　有电缆悬挂式点焊机

1—增压缸；2—变压器；3—滑车；4—电磁气阀；5—减压阀；6—气路；

7—水路；8—时间调节器；9—控制箱；10—焊钳（液压式）

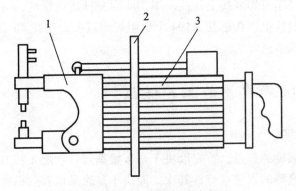

图 3.3.3　无电缆悬挂式点焊机

1—焊钳部分；2—吊具；3—变压器

功率利用充分，在焊接同样厚度的材料时，变压器的功率和体积均可减小。但缺点是移动起来不方便，对各种焊接位置的适应性也不如有电缆悬挂式点焊机灵活。

3. 点焊机器人

为了提高车身焊装线的自动化程度，减轻操作者的劳动强度，提高工作效率，保证焊接质量，在现代化的车身焊接生产线上，采用点焊机器人代替笨重的悬挂式点焊机，以代替人的单调、重复、长时间的强体力劳动。同时，还可适应产品的多样化生产。

焊接机器人是焊接自动化的革命性进步，它突破了焊接刚性自动化传统方式，开拓了一种柔性自动化新方式。刚性的焊接自动化设备，由于它一般都是专用的，只适用于中、大批量产品的自动化生产，因而在中、小批量产品焊接生产中，手工焊仍是主要焊接方式。焊接机器人使小批量产品自动化焊接生产成为可能，由于机器人的示教再现功能，焊接机器人完成一项焊接任务，只需人给它做一次示教，它即可精确地再现示教的每一步操作，如要机器人去做另一项工作，无须改变任何硬件，只要对它再做一次示教即可。因此，在一条焊接机器人生产线上，可同时自动生产若干种焊件。

焊接机器人的主要优点如下：

（1）稳定和提高焊接质量，保证其均一性。

（2）提高生产率，一天可 24 h 连续生产。

（3）改善工人劳动条件，机器人可在有害环境下长期工作。

（4）降低对工人操作技术的要求。

（5）缩短产品改型换代的准备周期，减少相应的设备投资。

（6）可实现小批量产品焊接自动化。

（7）为焊接柔性生产线提供技术基础。

4. 多点焊机

采用多点焊工艺是为了提高生产效率，减小焊接变形。在车身焊装生产线上，车身底板的点焊装配经常采用多点焊机，例如奥迪和宝马的车身底板自动化焊装线上，都采用了多点焊机。

点焊机器人和多点焊机在白车身生产线上所占的比例，体现了该生产线的自动化程度。例如，上海大众帕萨特车身焊装线上，共采用 294 台悬挂式点焊机，61 台点焊机器人；而德国大众帕萨特车身焊装线上，在总共 3 594 个电阻焊焊点中，仅有 40 点是通过手工焊接的，其余都是通过机器人或多点焊机焊接的。

三、车身电阻焊质量的工艺保证

1. 焊点强度的保证

要得到具有足够强度的焊点，首先取决于是否根据焊件状况（板材厚度、层数、材质、镀层情况等）制定了合理的焊接规范；其次，取决于是否采取有效措施来克服影响焊接规范稳定性的各种因素：这些因素主要有：

（1）网路电压的波动。

（2）铁磁性物质进入焊钳导致二次回路阻抗的变化。

（3）电极端面直径和性能的变化（随着点焊次数的不断增加，电极端面直径被变粗变大引起电流密度降低；电极沾污，特别是镀锌板焊接时电极端部铜锌合金引起电极导电导热性能下降。

针对以上因素，目前可以采取以下措施：

（1）选用目前先进的微电脑阻焊控制器。

（2）在焊装车间或焊装线上对焊机的通电焊接进行计算机群控管理和集中控制，可有效防止同时通电的焊机数量，避免电源电压下降过多，使压降在允许的范围内。同时可检测和控制在线所有焊机的工作状况，保证焊接质量。如一汽奥迪轿车焊装线装备为天津陆华科技公司的 QWDK 型电网平衡控制系统和 HZ 型集中控制系统，可根据电网容量控制同时通电的焊机台数，控制电网的三相平衡；可检测和控制在线所有焊机的工作状态（包括故障情况、焊接规范、焊点数等）；可远离现场对每台焊机进行编程。为保证焊接质量、实现焊接自动化管理提供了硬件基础。

（3）在编制焊接工艺时，可利用微电脑阻焊控制器的电流阶梯递增功能和定点修磨电极的措施，避免电极端面直径被变粗而引起的电流密度降低以及电极端部性能恶化对焊点强度的影响。此外，由于车身板件组合多变，经常存在一把焊钳需焊接板件组合不同的部位。对此，最好采用多套焊接规范进行焊接。这在自动化焊钳和机器人点焊工位比较容易实现，但手工点焊工位则比较困难。如果程序（规范）转换开关设在焊钳上，操作者容易混淆或遗忘。为解决这一问题，可以在夹具上设置程序转换板，对焊接规范进行强制转换。国内已有武汉神龙、一汽大众等公司采用。

2. 焊点外观质量的保证

焊点的外观质量主要指焊点的表面质量（要求压抗浅、平滑均匀过渡、无明显的凸肩或局部挤压造成的表面鼓起，无毛刺、焊点表面没有熔化或黏附的铜合金以及裂纹等缺陷）、焊点的位置度以及点焊造成的工件变形。焊点的外观质量除靠先进的设备和工艺参数来保证外，还可以采取以下措施来提高：

（1）在外观件表面一侧使用浮动电极垫板，如果在多点焊机上，可以使用平电极来减轻压坑、毛刺等缺陷。

（2）采用有浮动机构的焊钳以避免工件受非焊接压力的作用而变形。

（3）采用焊点导向块来保证焊点位置的准确性。并克服电极与工件不垂直而造成的工件变形。

四、汽车上其他零部件生产点焊利用

在汽车零部件的生产中，广泛地采用点、凸焊、缝焊、对焊多种电阻焊工艺，具体的应用实例如下：

（1）轿车横梁装配点焊。

（2）液力变矩器叶片点（凸）焊、平衡块电焊液力变矩器的制造精度要求很高，在装配制造过程中，有些产品的叶片与内环及外壳之间的连接采用点（凸）焊工艺；同时，根据校平衡要求，需要分别在涡轮总成及变矩器总成上点焊 1~2 mm 厚的平衡块。这都需要专用点（凸）焊机来完成。

（3）传动轴平衡块凸焊汽车传动轴平衡块采用在平衡试验机上在线凸焊形式，由于在线焊接，其特殊要求是：焊接中心要能随平衡试验机的中心浮动，以消除焊接加压对试验机的影响。平衡块一般为 2~4 mm 厚。

（4）汽车制动蹄焊接汽车制动蹄通常采用滚凸焊方法，焊接所用的设备为专用滚凸焊机，此类焊机不仅有焊接功能，还需有滚压功能。焊接时，滚轮电极压紧工件，当电极和工件连续旋转到有凸点的位置时，通以焊接电流脉冲完成焊接。

（5）汽车减振器焊接。汽车减振器制造中用到点焊、凸焊和缝焊多种电阻焊工艺，其中最为典型是筒式储油缸上、下帽的缝焊。储油缸封门的缝焊一般采用专用的双焊轮缝焊机焊接。

【任务实施】

汽车车身进行点焊作业如表 3.3.1 所示

表 3.3.1 汽车车身进行点焊作业表

（1）掌握合理的焊接工艺规范,； （2）了解恰当的工艺保证措施和操作细节； （3）正确操作普通点焊机			
对某汽车车身进行点焊注意事项	（1）点焊的工艺参数要求； （2）焊前准备工作； （3）工作前先接通冷却水； （4）电极头变形后的处理； （5）焊前的清理工作		
任务 实施 过程	作业内容	作业要领	检查记录
	对汽车车身进行点焊	制定工作计划，按点焊机设备的制作规范对汽车车身进行点焊操作	
	作业总结		

【项目测练】

1. 车身电阻焊的分类、特点和应用场合？
2. 电阻焊的焊接特性是什么？
3. 电阻焊接质量保证方法有哪些？
4. 点焊时有哪些规范参数需要调节？
5. 请思考，不同材料不同厚度的板材点焊时容易出现什么问题？如何解决？

任务四　二氧化碳气体保护焊工工艺

【任务分析】

进行二氧化碳气体保护焊，需要掌握合理的焊接工艺规范，了解恰当的工艺保证措施和操作细节。

【相关知识】

二氧化碳气体保护电弧焊（简称 CO_2 焊）是以二氧化碳为保护气体（有时采用 CO_2+Ar 的混合气体），进行焊接的方法。在应用方面操作简单，适合自动焊和全方位焊接。在焊接时不能有风，适合室内作业，由于它成本低，二氧化碳气体易生产，广泛应用于各大小企业。

由于二氧化碳气体的热物理性能的特殊影响，使用常规焊接电源时，焊丝端头熔化金属不可能形成平衡的轴向自由过渡，通常需要采用短路和熔滴缩颈爆断，因此与 MIG 焊自由过渡相比，飞溅较多。但如采用优质焊机，参数选择合适，可以得到很稳定的焊接过程，使飞溅降低到最小的程度。由于所用保护气体价格低廉，采用短路过渡时焊缝成形良好，加上使用含脱氧剂的焊丝即可获得无内部缺陷的高质量焊接接头。因此这种焊接方法目前已成为黑色金属材料最重要焊接方法之一。

一、二氧化碳气体保护焊分类

1. 按机械化程度分

可分为自动化和半自动化。

2. 按焊丝直径分

可分为细丝 1.0 ~ 1.2 mm、中丝 1.2 ~ 1.4 mm、粗丝 1.4 ~ 1.6 mm。

3. 按焊丝分

可分为药芯和实心焊丝两种:

二、二氧化碳气体保护焊的优点

（1）焊接成本低。其成本只有埋弧焊、焊条电弧焊的 40% ~ 50%。

（2）生产效率高。其生产率是焊条电弧焊的 1 ~ 4 倍。

（3）操作简便。明弧对工件厚度不限，可进行全位置焊接而且可以向下焊接。

（4）焊缝抗裂性能高。焊缝低氢且含氮量也较少。

（5）焊后变形较小。角变形为 5‰，不平度只有 3‰。

（6）焊接飞溅小。当采用超低碳合金焊丝或药芯焊丝，或在 CO_2 中加入 Ar，都可以降低焊接飞溅。

三、焊接过程和方法

1. CO_2气体保护焊的焊接过程

CO_2气体保护焊焊接过程可分为引弧、焊接及收尾 3 个过程。

引弧：半自动 CO_2气体保护焊通常采用短路接触法引弧，焊前用钳子夹断焊丝使端部呈尖状，适当提高空载电压，启动时焊丝要以慢速送丝。

焊接：为保证焊透及焊缝成形良好，焊接时可作适当摆动，摆动不仅要有一定的速度、停留点及停留时间，而且根据位置的不同选择合适的摆动曲线形状。一般根部焊道采用三角形摆动。摆动停留点在焊缝根部，中间及盖而焊道采用锯齿形摆动，摆动停留点在焊缝两侧。摆动频率根据焊接电流及焊道宽度决定。

收尾：细丝焊时，收尾过快易在弧坑处产生裂纹及气孔，如焊接时 CO_2气体与送丝同时停止，易造成粘丝，所以收尾时应在弧坑处稍做停留，然后慢慢地抬起焊枪，使熔敷金属填满弧坑，才能熄弧并滞后停气。

2. 根据结构件的特点选择焊接位置

平焊：一般平焊均采用左焊法，焊枪倾角控制在 100°～150°，薄板焊接时焊枪作直线运动，中厚板 V 形坡口焊接时，打底焊作直线运动，以后焊道采用横向摆动的多层焊，焊道较宽时采用多道焊。平角焊时，左焊法和右焊法均可采用，但右焊法外形较为饱满。

立焊：立焊与手弧焊相似，焊缝熔深较大，但外形粗糙，多用于中厚板的焊接，操作时适当摆动，以控制熔宽改善焊缝成形。

横焊：横焊一般采用左焊法，焊枪作直线运动也可作小幅度锯齿形摆动，操作时要适当增加二氧化碳气体流量，其他操作方法与平焊基本相似。

仰焊：仰焊宜采用小电流、低电压和短路过渡形式，采用右焊法焊接，以增加焊接过程的稳定性，CO_2气体流量比平、立焊时稍大，当熔池温度上升，铁水稍有下淌趋势时，焊枪可作适当摆动。薄板仰焊时，一般采用小幅度往复摆动。中厚板仰焊时，可作横向或锯齿形摆动，并在坡门两侧稍做停留，以防焊渡凸起。焊接参数的选择。焊接参数的选择对焊接质量、效率影响很大，应根据构件接头形式、板厚及空间位置，选定焊丝直径、过渡形式、电源极性及焊接电流，然后选取与之相匹配的电弧电压、焊速、焊丝干伸长及气体流量。最佳的焊接参数应能满足焊接过程稳定、飞溅最小、焊缝成形美观、应无气孔、裂纹及咬边等缺陷，对要求焊透的焊缝应能保证焊透质量要求，并应具有最高的生产效率。

四、二氧化碳气体保护焊焊接规范

各种 CO_2气体保护焊焊接规范见表 3.4.1～3.4.4。

表 3.4.1 焊接电流

焊丝直径/mm	0.8	1.0	1.2	1.6	2.0	2.5
焊接电流/A	30～70	49～90	50～120	70～180	90～350	350～600

表 3.4.2　立仰焊时焊接电流范围

焊丝直径/mm	1.0	1.2
焊接电流/A	70～120	90～150

表 3.4.3　焊丝的化学成分

焊丝 型号	化学成分							
	C	Si	Mn	Cy	Ni	S	P	Cu
MG49-1	≤0.11	0.65～0.95	1.8～2.1	≤0.2	≤0.030	≤0.030	≤0.030	≤0.5
MG50-4	0.07～0.15	0.65～0.85	1.0～1.5			≤0.035	≤0.025	≤0.5
MG50-6	0.06～1.15	0.8～1.15	1.4～1.85			≤0.035	≤0.025	≤0.5
MG50-G	≤0.15	0.4～1.0	0.85～1.6			≤0.030	≤0.030	

表 3.3.4　熔敷金属力学性能

焊丝 型号	力学性能					
	抗拉强度 /MPa	屈服强度 /MPa	伸长率 /（%）	断裂韧度/J 常温	断裂韧度 （30°）	保护气
MG49-1	≥490	≥372	≥20	≥47		
MG50-4	≥500	≥420	≥22			CO_2 或（CO_2+Ar）
MG50-6	≥500	≥420	≥22		≥27	
MG50-G	≥490	≥345	≥22		≥27	

五、CO_2 电弧焊存在的问题

（1）合金元素的烧损严重，通过加入适量的 Si、Mn 进行补偿。

（2）金属飞溅问题严重，可通过两个方面来进行控制：一是通过控制电源动特性（早期的控制办法，即硅整流焊机采用的办法）或电流波形进行（现代电子控制电源所采用的办法）；二是通过采用富氩（8%Ar+20%CO_2）混合气的方式进行控制。

（3）气孔存在，通过减少焊丝中的含碳量（0.15%以下）。

气体保护实心焊丝向低飞溅高性能方向发展。

CO_2 气体保护实心焊丝，影响产品质量有两个关键问题，一是焊丝的化学成分，二是镀铜和绕卷。近年来，为降低 CO_2 焊的飞溅和提高焊缝金属的性能，国外对焊丝的化学成分作了大量研究工作，包括在标准的较宽的成分范围内，规定较窄的内控标准及加入各种微量台金元素，取得了降低焊接飞溅量 50%以上，减少焊接烟尘量 25%以上的好成绩。因此在继续关注焊丝生产规模效益的同时，必须关注焊丝成分的改进，期望有关钢厂与有关重点焊丝生产企业合作进行这方面的工作。CO_2 焊实心焊丝是一种高科技的焊接材料. 它的产生与发展适应了焊接生产向高质量、高效率、自动化、低成本、环保型方向发展的趋势。我国金属结构制造业只有大力推广高效熔化极气体保护焊技术，才能满足国内金属结构企业生存和发展的需要。纵观国内外 CO_2 焊实心焊丝的发展，我国与工业发达国家相比，还有不小的差距，这就需要焊接界同仁共同努力，大力推广非镀铜焊丝和活性无镀铜焊丝的应用，同时也要不断研发新产品，才能更好地适应我国焊接生产的不断发展。

【任务实施】

CO_2 气体保护焊的作业如表 3.4.5 所示。

表 3.4.5　CO_2 气体保护焊作业表

（1）掌握 CO_2 气体保护焊操作规范和细节； （2）会检验 CO_2 气体保护焊焊接质量			
CO_2 气体保护焊作业的安全注意事项	（1）焊前准备，如 CO_2 气瓶需倒置 1~2 h； （2）根据板厚，焊接位置坡口形式选择焊丝直径； （3）焊前进行焊机调核，不允许在工件上进行； （4）焊缝位置不同操作方法也不同； （5）焊接后对焊缝进行检查		
任务 实施 过程	作业内容	作业要领	检查记录
	CO_2 气体保护焊作业	选择 CO_2 气体保护焊焊接参数,对车身顶棚进行焊接,并对焊接质量进行分析	
	加工作业总结		

【项目测练】

1. CO_2 气体保护焊有何特点？应用于哪些场合？
2. CO_2 气体保护焊设备有哪些结构和组成？
3. CO_2 气体保护焊的工艺过程、参数的合理选用。
4. 选用一具体结构（比如需要立焊的部件）进行 CO_2 气体保护焊操作。

任务五　激光焊接工艺

【任务分析】

操作激光焊接机，需要掌握合理的焊接工艺规范，了解恰当的工艺保证措施和操作细节。

【相关知识】

一、激光焊接概述

激光焊接是一种现代的焊接方法。激光焊接的特点是被焊接工件变形极小，焊接深度/宽度比高，热影响区小，因此焊接质量比传统焊接方法高，它们在工业上的应用越来越广泛。激光焊接还具有不受磁场的影响，不局限于导电材料，不需要真空的工作条件并且焊接过程中不产生 X 射线等优点。随着制造部门把自动化技术应用到焊接过程中，激光和计算机控制的结合能够更好更精确地控制焊接过程，从而提高产品质量。保证激光焊接的质量，也就是激光焊接过程监测与质量控制也已成为激光利用领域的重要内容，包括利用电感、电容、声渡、光电等各种传感器，通过电子计算机处理，针对不同焊接对象和要求，实现诸如焊缝跟踪、缺陷检测、焊缝质量监测等项目，通过反馈控制调节焊接工艺参数，从而实现自动化激光焊接。激光可以用于对很多材料的焊接，碳钢、低合金高强度钢、不锈钢、铝合金和钛合金等都可以用激光进行焊接。一般来说，激光焊接的速度跟激光功率成正比，也受到工件的材料类型和厚度的影响。

二、激光焊接原理及工艺

当激光照射到金属表面的功率密度大于 10^{-6}W／cm^2 时，金属表面温度可在极短的时间内（$10^{-6} \sim 10^{-5}$ s）升高到金属的熔点和沸点以上使其熔化或气化，形成金属液体和金属蒸气，金属蒸气能产生足够的压力，克服液态金属的表面张力和重力，从而排开部分液态金属，使激光照射的熔池下凹，形成小孔。激光束在小孔底部继续加热，使金属液化和气化，所产生的金属蒸气继续压迫坑底的液态金属并使其排向熔池四周（甚至溢出），从而使小孔进一步加深，这个过程连续进行下去，会在液态金属中形成一个细长的小孔。当激光束在小孔产生的金属蒸气压力与液态金属的表面张力和重力平衡后，小孔不再加深形成一个稳定深度的小孔. 这就足小孔效应。当激光束向前运动时，形成稳定的小孔也向前运动，小孔前方的金属不断熔化和气化，熔化的金属流向小孔后方，并借助液态金属的表面张力和重力进行弥合，凝同形成焊缝。

1. 激光器分类

用于焊接的主要有两种激光，即二氧化碳激光和 Nd：YAG 激光。二氧化碳激光和 Nd:YAG 激光都是肉眼不可见红外光。Nd:YAG 激光产生的光束主要是近红外光，波长为 1.06 μm，热导体对这种波长的光吸收率较高，对于大部分金属，它的反射率为 20% ~ 30%。只要使用标准的光镜就能使近红外波段的聚焦为直径 0.25 mm 的光束。二氧化碳激光的光束为远红外光，波长为 10.6 μm，大部分金属对这种光的反射率达到 80% ~ 90%，需要特别的光镜将其聚焦成直径为 0.75 ~ 0.1 mm 的光束。Nd:YAG 激光功率一般能达到 4 000 ~ 6 000 W，现在最大功率已达到 10 000 W。而二氧化碳激光功率却能轻易达到 20 000 W 甚至更大。大功率的二氧化碳激光通过小孔效应来解决高反射率的问题，当光斑照射的材料表面熔化时形成小孔，这个充满蒸气的小孔犹如一个黑体，几乎全部吸收入射光线的能量，孔腔内平衡温度达 25 000℃左右，在几微秒的时间内，反射率迅速下降。二氧化碳激光器的发展重点虽然仍集中于设备的开发研制，但已不在于提高最大的输出功率，而在于如何提高光束质量及其聚焦性能。另外，二氧化碳激光 10 kW 以上大功率焊接时，若使用氩气保护气体，常诱发很强的等离子体，使熔深变浅。因此，二氧化碳激光大功率焊接时，常使用不产生等离子体的氦气作为保护气体。用于激发高功率 Nd:YAG 晶体的二极管激光组合的应用是一项重要的发展课题，必将大大提高激光束的质量，并形成更加有效的激光加工。采用直接二极管阵列激发输出波长在近红外区域的激光，其平均功率已达 1 kW，光电转换效率接近 50%。二极管还具有更长的使用寿命（10 000 h），有利于降低激光设备的维护成本。

2. 激光焊接机理

激光焊接和传统电弧焊的最大区别在于热传导方式的不同，材料对激光束能量的吸收受到很多因素的影响，激光束的类型、即时激光束的能量密度和材料的表面状况都会影响能量的传输。影响材料激光焊接的两个重要指标是：

（1）热传输效率，即 I 件吸收的热量与激光束能量之比。

（2）熔化效率，即熔合匹刚好熔化工件需要的热量与工件吸收的热量之比。激光焊接有两种基本方式：传导焊与深熔（小孔）焊。这两种方式最根本的区别在于：前者熔池表面保持封闭（见图 3.5.1），而后者熔池则被激光束穿透成孔（见图 3.5.2）。传导焊对系统的扰动较小，因为激光束的辐射没有穿透被焊材料，所以在传导焊过程中焊缝不易被气体侵入；而深熔焊时，小孔的不断关闭能导致气孔。传导焊和深熔焊方式也可以在同一焊接过程中相互转换，由传导方式向小孔方式的转变取决于施加于工件的峰值激光能量密度和激光脉冲持续时间。激光脉冲能量密度的时间依赖性能够使激光焊接在激光与材料相互作用期间由一种焊接方式向另一种方式转变，即在相互作用过程中焊缝可以先在传导方式下形成，然后再转变为小孔方式。可以调节激光焊接过程中各因素相互作用的程度，使得小孔刚建立以后即进入

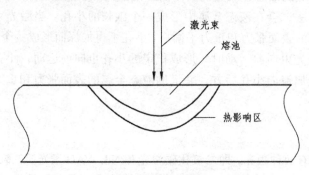

图 3.5.1　激光热传导焊接的熔池形状示意图

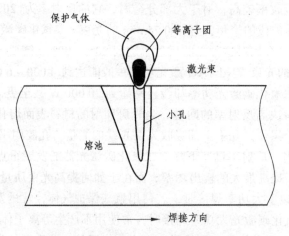

图 3.5.2　激光穿透焊的熔池形状示意图

144

脉冲间歇阶段，从而减小气体侵入的可能性，降低气孔产生的倾向；还可以调整激光功率密度随时间的分布，以减小熔池的热梯度，降低焊接接头凝固裂纹产生的倾向。

激光焊接的工艺参数包括功率密度、离焦量、焊接速度等。功率密度是激光加工过程中最重要的参数之一，采用较高的功率密度，在微秒时间内，表层即可加热至沸点，产生大量气化，常用于激光打孔、切割和雕刻等。对于较低功率密度，表层温度达到沸点需要经历数毫秒，在表层气化前，底层达到熔点，易形成良好的熔融焊接。因此，在传导型激光焊接中，功率密度范围在 $10 \sim 1\ 000\ kW/cm^2$。在激光焊接中，光束焦点位置是最关键的工艺参数之一，在一定激光功率和焊接速度下，只有焦点处于最佳位置范围内才能获得最大熔深和最佳的焊缝质量。离焦方式有两种：正离焦和负离焦。焦平面位于工件上方为正离焦，反之为负离焦。按集合光学理论，正负离焦相等时，所对应平面上的功率密度近似相等，但实际上所获得的熔池形状不同。负离焦时可获得更大的熔深，焊接薄材料时宜用正离焦。在实际激光焊接中，为了避免和减少影响焦点位置稳定性的因素，需要设计专门的夹具，夹具使用的合适与否直接关系到激光焊接的质量高低。

三、激光焊接操作要求

1.开机前的准备工作

（1）检查激光焊接机电源，水循环是否正常。

（2）检查机器内设备气体链接是否正常。

（3）检查机器表面无灰尘、花斑、油污等。

2. 开机

（1）接通电源，打开总电源开关。

（2）按顺序打开水冷机、激光发生器等。

（3）打开氩气阀门，调节好用气流量.

（4）输入当前要执行的工作参数。

（5）执行焊接操作。

3. 关机

（1）退出程序，关闭激光发生器。

（2）接顺序关闭除尘机，水冷机等设备。

（3）关闭氩气瓶阀门。

（4）关闭总电源开关。

4. 注意事项

（1）在操作过程中，如遇到紧急情况（漏水、激光器有异常声音等）需马上按下"急停"按钮并快速切断电源。

（2）必须在操作前打开激光焊接的外循环水开关。

（3）因激光器系统采用水冷却方式，激光电源采用风冷却方式，若冷却系统出现故障，严禁开机工作。

（4）不得随意拆卸机器内的任何部件，不得在机器安全门打开时进行焊接，严禁在激光器工作时，用眼睛直视激光或反射激光，以及用眼睛正对激光焊接头，以免眼睛受伤害。

（5）不得把易燃、易爆材料放置到激光光路上或激光束可以照射到的地方，以免引起火灾和爆炸。

（6）机器工作时，电路呈高压、强电流状态，严禁在工作时触摸机器内的各电路元器件。

（7）未经培训的人员禁止操作本机器。

四、焊接缺陷产生的原因

1. 激光设备的原因

脏了的保护玻璃镜片或激光器中老化的弧光灯都会降低激光的功率。激光的焦点位置不正确。当激光焦点的直径太小时太多的激光能量被集中在焊条上因此使焊料变得过热而同时加工件的侧边却没有得到足够的加热，这样焊料就不容易流到加工件的缝隙中去。而激光焦点的直径太大时激光能量不集中致使焊不牢。

2. 焊条的原因

焊条预热温度不当，焊条材料合金成分改变，就有可能不符合加工要求。焊条引导的速度不恒定或是与激光设备加工头速度不相符。

3. 其他辅助设备的原因

（1）熔液的凝固而引起的气体分子的泄漏。

（2）程序给定错误的进给速度或是机器人速度出现波动。

4. 间隙尺寸

被焊接零部件之间的间隙尺寸超过激光设备要求。

【任务实施】

激光焊接操作作业如表 3.5.1 所示。

表 3.5.1　某汽车部件激光焊接的作业观摩

（1）了解激光焊接的工艺原理和工艺规范； （2）车身激光焊机操作			
激光焊接作业注意事项	（1）开机前检查水循环是否正常； （2）注意水冷机、激光发生器等设备的打开顺序； （3）冷却系统出现故障，严禁开机工作； （4）易燃易爆材料不允许放到激光光路上； （5）执行的工作参数事先需要调试		
任务 实施 过程	作业项目	作业内容	检查记录
	车身激光焊接作业	根据激光焊接操作规划进行焊接作业	
	作业总结		

【项目测练】

1. 简述激光焊接原理?
2. 激光焊机操作有哪些要求?
3. 激光深熔焊的工艺参数要求有哪些?
4. 查阅一种车型激光焊机的夹具定位。

任务六　汽车车身装焊质量控制

【任务分析】

了解汽车车身焊装夹具质量控制、焊接过程质量控制和检测质量控制的方法依据。

【相关知识】

一、现代汽车车身装焊生产的工艺特点及对设备的要求

（1）车身外形复杂，尺寸精度要求高，焊点多。

车身是汽车制造中焊接工作量最大的部分。一般卡车的车身焊点数为 3 500 ~ 4 500 点，轿车车身焊点有 4 000 点左右，小客车、客货两用车有 8 000 ~ 10 000 点，如此繁重的工作量，就要求采用机械化自动化的焊接设备代替人工焊接。复杂的外形和高精度尺寸要汽求采用相应复杂的装焊夹具，并提高夹具的制造精度。传递焊件的输送装置也要有高的重复到位精度。

（2）批量大，生产节拍短，要求装焊生产机械化、自动化程度高。

国外较大的轿车车身制造厂，日产量为 1 000 辆左右，大多为两班制，第三班和周末均为设备检修时间。因此，轿车车身的生产线节拍一般为 40 ~ 60 s。奔驰公司辛得尔芬根厂有一条自动多点焊机组成的车身总成焊装线，节拍仅为 25 ~ 28 s。这样高的生产效率，要求生产线上有高度自动化的多点焊机和焊接机器人，配备有高速的传输装置和相应的搬运机械手。

（3）车型更新快，品种多，要求装焊生产柔性化。

轿车市场的激烈竞争，促使轿车车型更新快，品种多，给流水生产汽车，带来更多的困难。现代汽车生产普遍使用多品种混合生产，即柔性化生产。工业机器人的使用，是最理想的装备，但机器人价格昂贵。所以在某些装焊生产线上采用适应性强的柔性多点焊机（也称模块式多点焊机）。也有采用组合式转塔回转式焊装夹具，以适应多品种混流生产。

（4）车身材料向低合金镀锌钢板方向发展。

为减轻车身重量，车身钢板厚度日趋减薄，采用高强度低合金钢板是必然趋势，如奔驰190/190E 型轿车，高强度低台金钢板重量已占整个车身重量的 15%。为提高车身的防锈蚀性能，在汽车生产中大量应用了镀锌钢板。如奥迪公司的 Audi200 型和 AudiA6 型桥车，现在已

几乎全部使用镀锌板，焊接板层数已发展到三层、四层，有的层间有防锈漆、密封胶。上述车身材料和结构的变化，对焊接规范的多样化精确控制与电极形状材料更新提出了更高的要求。

二、汽车车身装焊质量控制分类

1. 焊装夹具质量控制

焊接夹具质量要求如下：

（1）夹具平台是车身焊装时使用的制件定位的加工基准及安装定位的平台。该平台质量的好坏，在焊接过程中将直接影响车身零部件的总成质量。因此，对其表面粗糙度，平面度、材料厚度与硬度都有一定的要求。

夹具平台上表面的平面度应保证在 0.1 mm 以下。夹具验收时应对夹具平台进行测量，如果不在要求的范围以内：将会影响零件尺寸精度，最终影响到车身总成质量。在测量平台的水平度时，测量点的间距应该保证在 300 mm × 300 mm 以上。

夹具平台上表面的粗糙度 Ra 应在 32 μm 以下。同时表面还要进行防锈处理。

根据试制特点，在很多情况下，为了节省生产空间和设备的需求，试制夹具经常要进行切换，这时为保证安装在平台上的加工基准的精度，对夹具平台的厚度、强度、空腔的厚度及加强筋的根数都应该有一定的要求。夹具平台的厚度一般为 25 mm 及以上。如果厚度较低，不仅不能保证平台的平面度，而且在夹具频繁切换的同时，夹具上的定位夹紧单元其位置度也会存在跳动。夹具平台在焊接加工后. 必须进行低温退火，同时在设计图中及零件清单中有低温退火的标注。验收时，必须提供平台热处理记录。

（2）夹具的基准点是零件定位，测量的关键出发点，因此在焊接夹具中，对其基准点进行质量控制，有着非常重要的意义。

夹具平台必须设有安装定位的基点（Jig Base Point，JBP）。JBP 也是装配检查的基准点。为了便于测量，JBP 在平台上的位置不应与其他装置干涉。根据焊接夹具的设计情况，基准点的具体位置和数量在图纸会签时要一一确定。JBP 直径 10 mm 公差 HT，JBP 间的相对位置公差为 ± 0.02 mm。夹紧单元的定位销，定位面将会根据三维数模进行设计，同时结合夹具平台的 JBP 进行加工和调试。对夹具的定位销和支撑面也有着一定的质量要求，其定位销和支撑面在调试合格后需淬火。淬火硬度 40 ~ 45 HRC，其加工表面粗糙度 Ra 为 1.6 μm。

2. 焊接过程质量控制

车身的焊接设备和焊接工艺的选择要根据不同的车身材料来决定，有时还要通过不同的尝试选择最佳的焊接方式，从工艺上来讲，一般焊接都包括车身底板焊接、左右侧围焊接、顶盖焊接和总体焊接几个主要步骤，当然不同的车身部位采取的焊接工艺是不尽相同的。大体可以分为悬挂焊、铜保护焊、气焊等手法。

车身的最终整体焊接质量是由多方面因素共同决定的，比如焊接工艺的选择，焊接设备的选用，焊接人员的手法，零部件的材料，夹具的角度选择等等。但一般从以下几个方面进行控制：

（1）焊接工艺的选择，焊接工艺通常根据焊接的车身部位以及相应零部件的质地决定，在此前提下，焊接选用的材料和焊接顺序就成为影响焊接质量的关键因素，对于要求很高的焊接部位，一定要试着摸索出最佳焊接工艺，不能人为地凭借以往经验决定焊接工艺，这样极易造成最后的检测不合格以致返工。

（2）焊接设备的选择也是非常重要的一个环节，焊接设备的合理选择能在很大程度上提高焊接的质量，收到事半功倍的效果。选择了正确的焊接设备，还要结合焊接板材以及焊接经验来确定设备的焊接电流、送丝速度、气体混合比等参数。

（3）操作人员的工艺水准，焊接过程中要想保证焊接质量，工作态度尤为重要，这就需要管理人员根据焊接技术人员的不同特点合理分工，各尽其责，最优化地完成焊接任务，最好能在焊接过程中发现问题及时交流分享，以提高焊接工艺水平。

（4）零部件的质量、焊接夹具质量也是影响车身焊接总成质量的主要因素。零部件的质量是影响焊接质量的关键客观条件，在选用零部件的过程中决不能以次充好，否则即使前面所述条件都能控制得很好也不能保证焊接质量的提升。夹具也要根据使用过程中不断暴露出来的问题进行调试、升级。

3. 检测质量控制

（1）检测常规方法：目前采用的检测手段多种多样，比如三维激光视觉检测系统、测量机器人、激光跟踪仪、经纬仪、三坐标测量机等等。应用最为广泛的是三坐标测量机，这是因为它可以对车身关键部位的尺寸进行定位分析，获得偏差范围，同时可以测得多种车身特征数据，为以后焊接提供极有价值的参考，以供操作工序的改进和完善。

（2）检测遵循原则：生产检测的统一，如果生产标准和检测标准不统一，检测就失去了原有的意义，这对操作者来说也就没有判断依据可言了，所以要统一生产和检测器具的相关参数，达到"有章可循"。检测实时性，焊接问题极容易在生产现场暴露出来，做到每个环节后及时检测，就能做到心中有数，方便以后的工艺改进，否则就失去了针对性。

三、焊装夹具应遵循的原则

在装焊夹具工艺设计阶段，装焊夹具工艺设计人员应根据定位基准传递的同一性原则与产品设计人员、冲压工艺人员和装配工艺人员进行沟通，并对零部件的定位问题达成共识，以进行装焊夹具定位基准的工艺设计。这样，才能有效地控制零部件定位尺寸精度偏差。同时，试制焊装夹具还应遵循以下原则：

（1）焊接夹具的定位销，定位形面尽可能地与产品图纸上的定位信息保持一致。

（2）定位型面应以选取冲压件稳定可靠的型面为原则.

（3）夹紧器位置布置与检具夹紧点的布置一致。

点焊主要规范参数有焊接电流、焊接时间、电极压力及电极帽端面尺寸，见表3.6.1。

表3.6.1　低碳钢点焊参数规范

板厚/mm	电极帽端面尺寸 /mm 最大	电极帽端面尺寸 /mm 最小	焊接时间 /s	电极压力 /KN	焊接电流 /KA
0.6	9.0	5.0	0.12	1.5	6.7

板厚/mm	电极帽端面尺寸 /mm 最大	电极帽端面尺寸 /mm 最小	焊接时间 /s	电极压力 /KN	焊接电流 /KA
0.7	9.0	5.0	0.12	1.7	7.3
0.8	9.0	5.0	0.14	2.0	7.9
1.0	9.0	5.0	0.16	2.2	8.5
1.2	9.0	5.0	0.20	2.5	9.0
1.6	9.5	6.0	0.22	3.0	10.0
1.8	9.5	6.0	0.26	3.2	10.9
2.0	9.5	6.0	0.26	3.5	11.8
2.3	9.5	6.0	0.30	3.8	12.6
3.0	9.5	6.0	0.36	4.0	13.1

为了能够更好地利用上表中的参数保证生产，结合上表中建议的参数，在实际生产中还应该注意以下 3 个方面的内容：

（1）按照表 3.6.1 中规定的参数规范进行设置，生产现场可根据实际情况，对焊接规范进行调整，其参数以焊接设备输出为准，通过试焊选取合适的工艺参数。由于生产现场电网的波动，需要对已试焊调整之后的焊接电流给定一个公差范围，经过试验验证，焊接电流的公差控制在 ±5% 的范围内视为合格，此时熔核的尺寸能够满足要求。

（2）对于不同厚度的板件点焊时，规范参数可先按薄件选取，再按总厚度的 1/2 通过试样试焊修正。由于组合的厚有较大差异时会出现熔核向厚板偏移的问题，从而影响焊接的强度，所以通常选用大电流短通电时间来减小接触面两侧焊件的散热时间，同时使焊件接触面两侧的焊件散热趋于均衡，来改善熔核的偏移，或者使用不同直径的电极帽来改善熔核的偏移。

（3）多层板焊接，按外层较薄零件厚度选取焊接参数，再按总厚度的 1/2 通过试样进行修正，当一台焊机既焊接双层板又焊接三层板时，首先以双层板参数为基准，然后通过试样试焊修正参数，达到既满足双层板焊接又满足三层板焊接的目的，当一台焊接设备同时焊接不同板厚板材且差异较大时，必要时设定两组焊接参数，生产时进行切换。

四、EQ1073 车身装焊质量控制方法

（1）引入 PLP 理论指导产品、工艺和工装设计是车身质量提高的前提。

（2）合理优化产品的分块及焊接接头的形式。

（3）工艺设计采用了车身产品、焊装工艺的并行设计，设计流程合理、物流通畅，减少零件在倒运中的磕碰。

（4）提高夹具的机械化自动化水平，如总装夹具实现了单工位自动循环，零件到位识别、馈电枪自动焊接及电气控制系统防止误操作，损坏车身。

（5）提高夹具的柔化水平，通过合理的夹具设计，分装夹具采用了快换机构和对称设计，

降低了投入成本，在保证产品精度质量的同时节约了成本。

【任务实施】

某汽车装焊质量控制过程表如表 3.6.2 所示。

表 3.6.2　某汽车装焊质量控制过程表

（1）了解汽车装焊质量控制的夹具质量控制方法依据； （2）了解汽车装焊质量控制的焊接过程质量控制方法依据； （3）了解汽车装焊质量控制的检测质量控制的方法依据			
汽车装焊质量控制过程注意事项	（1）注意装焊夹具定位基准的控制； （2）不同厚度的板材需要选用不同的工艺参数； （3）夹具柔化设计采用的快换机构需要进行合理的夹具设计		
任务实施过程	作业内容	作业要领	检查记录
	汽车装焊质量控制过程	在老师的指导下了解并参与汽车装焊质量控制全过程	
作业总结			

【项目测练】

1. 汽车装焊中夹具质量控制主要是控制哪些？
2. 汽车装焊的质量控制的基本过程有哪些？
3. 汽车装焊的质量控制中如何对"人"进行控制？
4. 查阅某一型号汽车装焊质量控制中设备的选择过程。

项目四　汽车车身涂装工艺

■ **项目描述**

　　汽车外表防腐蚀和装饰主要都是通过涂装来实现的，良好的涂装可使汽车外观的色泽鲜丽且经久不变，不仅是汽车质量的一个重要方面，而且也起了装饰美化的作用，提高了使用效果和商品价值，成了近年来厂家竞争的重点。所以涂装是汽车车身制造工艺中的一个重要环节。

　　本项目主要认识汽车车身用涂料并掌握漆前表面处理和涂饰工艺及设备。

■ **项目目标**

➢ 了解汽车车身涂装用底漆、中间涂料及面漆。
➢ 掌握汽车涂装前表面处理工艺。
➢ 掌握汽车涂漆的方法并能正确进行设备的操作。
➢ 掌握汽车漆膜的干燥方法并能正确进行设备的操作。

■ **项目任务**

➢ 任务一　汽车车身用涂料认识
➢ 任务二　汽车涂装前表面处理
➢ 任务三　汽车车身涂漆与漆膜干燥

■ **项目实施**

任务一　汽车车身用涂料认识

【任务分析】

要正确进行汽车涂装工艺的设计与操作，必须先对车身涂料产品有一个清楚的认识，要掌握其类型、特性、主要技术指标及其用途。

【相关知识】

涂料通常被称为"油漆"，早先，因它是利用植物油和天然漆制成的而得名，但由于近20年来石油化工和有机合成化工工业的发展，为涂料工业提供了新的原料，许多新型涂料已不再使用植物油和天然漆，而是广泛地利用各种合成树脂与颜料及溶剂。因此把涂料称为"油漆"已不能恰当地表达出它们的真正含义，所以近年来已正式用涂料这个名称。

汽车涂料由于其产量大（一般占涂料总产量的20%以上）、品种多（满足客车、货车、军用车等各种车型的需求）、要求高（涂膜需具备很强的保护作用和装饰作用）以及独特的施工性能（能适应高速流水生产的要求）等而成为一种专用涂料。汽车车身涂料又是汽车涂料中用量最大、要求最高（特别是装饰性）的分组。

一、车身涂料作用

车身涂料是一种成膜物质，当它涂于车身表面时，能生成坚韧耐磨、附着力强、具有一定颜色和防锈、防腐、耐酸、耐潮湿、耐高温等多种功能的涂膜，这不仅能大大提高汽车车身的使用期限，而且由于涂料的色彩装饰和美化了汽车，也提高了汽车的使用效果。所以，车身涂料的作用主要是保护作用和装饰作用。

汽车常年在大自然中运行，车身受到日晒雨淋、风沙、冰雪、炎暑这样多变条件的影响，而且还有接触化学药品及酸、碱等各种腐蚀介质的可能。若在汽车车身表面涂上涂料，干结成膜，就能将车身表面和空气、水分、日光以及外界的各种腐蚀物质隔开，起着一种"屏蔽"的作用，就能有效地保护汽车车身，延长其使用寿命。

同时，汽车作为重要的现代化交通工具之一，除造型外，涂层的外观、光泽、颜色等也能起到美化作用而产生艺术效果，给人们以赏心悦目的感受。城市汽车，作为美化城市的一种工业艺术品与城市建筑物的那种整齐、端庄、雄伟的线条美感相适应，更使城市增辉，所以涂料装饰、美化汽车的作用也是很重要的。

此外，对某些特种汽车，涂料还可起到有利于汽车安全行驶的标志作用。例如消防车、救护车、特种工程车、危险货物运输车及大件物品运输车辆，给行驶在公路上的一般汽车带来一些不安全因素，可以利用涂料色彩，按有关规定在车辆前部、上部、两侧或尾部等适当部位表示出警告、注意危险、减慢车速等信号，使对方或后方车辆警觉，以保证行车安全。

某些特殊涂料，例如有防震、消声、隔热作用的涂料在汽车车身涂饰中也有其特殊作用。

二、车身用涂料应具有的特点

根据汽车的使用条件及其大量流水生产的要求，汽车涂料一般应具备下列特点：

1. 极好的耐候性和耐腐蚀性

车身涂料要求能与汽车一样适应于各种气候条件和道路状况，使用寿命应接近于汽车本身的寿命。在冷热剧变、风雨侵蚀、苛刻的日晒夜露等各种气候下，保光保色性好，涂膜不开裂，不起泡、不粉化、不脱落、无锈蚀现象。

2. 极好的施工性能和配套性

要求能适应汽车的高速流水生产方式，如适用于自动喷漆、大槽浸漆、淋漆、静电喷漆或电泳涂漆等高效涂布方法。同时还要求干燥迅速，涂层的烘干时间以不超过 30~40 min 为宜，要求涂层间结合力优良、不引起渗色、开裂等涂膜缺陷。

3. 极高的装饰性

要求涂层色泽艳丽且经久不变，使人看上上感到是一种艺术享受，这对轿车、客车用漆尤为重要。

4. 优良的机械性能

要求涂膜坚韧耐磨，能适应由于汽车行驶中的震动、冲击而产生的应力和应变。

5. 良好的经济性

由于汽车涂料用量大，所以要求涂料货源广，价格低廉，并能逐步实现低公害化，便于进行"三废"处理。

6. 能耐汽油、柴油、机油和公路用沥青等的作用

涂层在接触这些介质时不产生软化、变色、失光、溶解或产生印斑等现象，还要求能耐肥皂、清洗剂、鸟或昆虫的排泄物等，与这些物质接触后不留有痕迹。

由于汽车涂料大部分是属于多层涂覆，加上它们在汽车上的使用部位不同，对于汽车涂料的具体品种来说，并非要求都具备上述特性。汽车车身用涂料是汽车用涂科的主要代表，车身涂膜一般是由多层涂层构成，它基本上要兼备上述汽车涂料的特点。

三、涂料的组成

涂料的品种很多，成分各异，但综合其成膜情况，基本上由以下 3 部分组成。

1. 主要成膜物质

它是使涂料黏附在零件表面上成为涂膜的主要物质，是构成涂料的基础，通常称为基料和漆基。在涂料原料中，作为主要成膜物质的是油料和树脂两大类。以油作为主要成膜物质的涂料称为油性涂料，以树脂作为主要成膜物质的涂料称为树脂涂料。如以酚醛树脂或改性酚醛树脂为主要树脂的涂料称为酚醛树脂涂料，以油和一些天然树脂合用为主要成膜物质的涂料，称为油基涂料。

2. 次要成膜物质

它也是构成涂膜的组成部分，但它不能离开主要成膜物质单独构成涂膜，而主要成膜物质可以单独成膜，也可以和次要成膜物质共同成膜。如颜料是次要成膜物质，漆膜中有了它，能使涂膜性能增强和提高，使涂料品种增多，满足更多的需要。

3. 辅助成膜物质

它对涂料变成涂膜的过程或对涂膜性能起一些辅助作用，不能单独构成涂膜。辅助成膜物质包括稀料和辅助材料两大类。

以上 3 部分按其在涂膜中存在的状态可归纳为固体成分（不挥发成分）和稀料成分（挥发成分）两部分。固体成分是涂料中能最后存在于涂膜中的成分，包括油、树脂、颜料和辅助材料。稀料存在于涂料中，而在涂料变成涂膜的过程中挥发掉，不再存在于涂膜中，稀料包括溶剂、稀释剂和助溶剂。

以上 3 部分按其组成涂料的作用又可分为粘结剂（固着剂）和其他材料。粘结剂也称漆料，由主要成膜物质和溶剂构成，其他材料由颜料、辅助材料、溶剂等构成。

四、涂料的分类、命名和编号

1. 涂料的分类

涂料的种类繁多，分类方法也很不一致，下面仅就与汽车车身用涂料有关的分类简介如下。

（1）按施工方法分类：有刷漆、喷漆、烘漆、电泳漆、粉末涂料等.

（2）按涂料的作用分类：有底漆、面漆、罩光漆、腻子等。

（3）按涂料的使用效果分类：如绝缘漆、防锈漆等。

（4）按是否含有颜料来分类；如不含颜料的称为清漆（透明体），含有颜料的称为色漆（不透明体），含有大量体质颜料的稠厚浆状体的称为腻子。

色漆又包括厚漆、调合漆、无光漆及皱纹漆、锤纹漆等。

（5）按溶剂构成情况分类：以一般有机溶剂作稀释剂的称为溶剂型漆；以水作稀释剂的称为水性漆；漆料组成中没有挥发性稀释剂的称为无溶剂漆；无溶剂而又呈粉末状的称为粉末涂料。

（6）按成膜过程原理，大致可以分为以下几类：

① 氧化聚合型漆——常温干燥成膜，干燥过程必须接触空气，氧化聚合成高分子膜。常用的油基性漆就属此类，如清漆、酚醛漆、醇酸漆，环氧树脂底漆等。

② 固化剂固化型漆——这类漆必须加固化剂方能固化成膜，它的成膜过程是在固化剂作用下进行的。固化剂是它的聚合条件，因此，这类漆一般是使用时现配现用，而平时分装保存，如环氧漆（双组分）、聚氨酯漆（双组分）、环氧沥青漆（双组分）等。这种漆可常温干燥，也可烘烤干燥。

③ 热固型漆（或称烘烤聚合型漆）——这类漆须加热后才可聚合成高分子漆膜。故在平时及储存期间应注意不能受热，要远离热源。如氨基烘漆、丙烯酸烘漆、环氧酚醛漆、沥青烘漆等，一般都要超过 100℃才能烘干成膜。

④ 挥发型漆（即溶剂挥发型漆）——此类漆本身就是高分子物，它在高温下靠溶剂挥后即可干燥成膜，因此，它的干燥性比其他类型漆较好，而附着力则较差，储存期间应注意严防溶剂挥发。这类漆如硝基漆、过氯乙烯漆、丙烯酸漆等。

⑤ 其他类型漆——如潮同化聚氢酯漆、不饱和聚酯漆等，这类漆须要在潮湿环境下固化，

并加入引发剂或促进剂等。

（7）按成膜物质分类：最广泛的涂料分类，是根据成膜物质来分。综合以上这些涂料分类方法，并结合我国生产涂料品种的具体情况，汽车车身用涂料分类的原则一般是以其主要成膜物质为基础，若主要成膜物质为两种以上的树脂混合组成，则按其中起决定作用的一种为主。

2. 涂料的命名

涂料的命名原则如下：

（1）全名=颜料或颜料名称+膜物质名称+基本名称。

（2）对于某些专业用途及特性的产品，必要时在成膜物质后面加以阐明。例如醇酸导电磁漆。

3. 涂料的编号

涂料的编号原则如下：

（1）涂料编号：编号由三部分组成，第一部分是成膜物质，用汉语拼音字母表示；第二部分是基本名称，用两位数字表示，即从 00~99。与汽车车身涂料有关的主要有以下名称：01——清漆、02——厚漆、03——调合漆、04——磁漆、05——烘漆、06——底漆、07——腻子、08——水溶性漆与电泳漆、14——透明漆、53——防锈漆、54——耐油漆、65——粉末涂料、67——隔热漆、85——调色漆等。

第三部分是序号，以表示同类产品间的组成、配比或用途的不同。

这三个部分组成的涂料型号，基本上可以表达某种涂料是哪一种成膜物质构成的什么油漆（基本名称）和什么品种（序号）及用途特征。

（2）辅助材料编号：编号由两个部分组成，第一部分是辅助材料种类（代号），第二部分是序号。

五、汽车车身油漆涂层的分组

在部颁标准中，汽车油漆涂层根据汽车零部件的使用条件和对涂层质量要求的不同，共分 10 个组，即 TQ1~TQ10，每组又分若干等级，并提出了各组涂层的主要质量标准，也推荐了配套油漆材料及涂饰工艺，其中，车身组分二等，车内装饰组分一等。

另外，我国对客车车身涂层还有专门的涂层代号，在国家标准 GB 11380—89 中，客车车身涂层的代号规定由汉语拼音文字的首位字母和阿拉伯数字组成，客车车身涂层共有 8 组 12 类，并且提出了每类涂层的主要特性和质量指标及检验方法，还推荐了各类涂层所用涂料型号及施工程序。

六、车身用底漆

底漆是直接涂布在经过表面处理的车身表面上的第一道漆，是整个涂层的基础，它对车身的防锈蚀和整个涂层的经久耐用起着主要的作用。

底漆必须具备下列特性：

（1）附着力强，除在车身表面上附着牢固外，还能与腻子或面漆黏附牢固。

（2）有良好的防锈能力、耐腐蚀性和耐水性（耐潮湿性）。

（3）底漆涂膜应具有较高的机械强度和适当的弹性，当车身蒙皮膨胀或收缩时，不致脆裂脱落，当面漆老化收缩时，也不致折裂卷皮，能满足面漆耐久性的要求。

（4）应与中间涂层或面漆涂层有良好的配套性，即有耐溶剂性，不被中间涂层或面漆涂层所含溶剂咬起。

（5）有良好的工艺性，应能适应汽车涂饰工艺的大量流水生产的特点。

汽车车身用底漆的品种较多，按汽车油漆涂层的分组，底漆可以分为优质防腐蚀性涂层、高级装饰性填充底漆、中级装饰性保护性涂层及一般防锈蚀保护性涂层底漆。

按底漆使用漆料的不同分组，例如用醇酸漆料制成的底漆称醇酸底漆；同理还有酚醛底漆、环氧底漆等。又因底漆中含的颜料有铝、锌、铬等金属氧化物，所以底漆又带有颜料的名称，如铁红酚醛底漆、锌黄醇酸底漆、环氧富锌底漆等等。

汽车车身常用底漆如表 4.1.1 所示。

表 4.1.1　汽车车身常用底漆

代号	名称	主要成分	主要性能特点	应用范围
F06-9	铁红纯酚醛底漆	纯酚醛树脂、干性植物油及铁红、体质颜料	附着力和防锈性能好，是优良的防锈底漆，不能与铁红醇酸底漆 C06-1 混合使用	中级轿车车身
F06-10	铁红纯酚醛电泳底漆	纯酚醛电泳漆料、防锈颜料、蒸馏水	附着力和防锈性能好，漆膜平整，与面漆结合力好，可用水做溶剂	一般车身覆盖件
C06-1	铁红醇酸底漆	干性植物油、改性醇酸树脂、氧化铁红、铅铬黄、体质颜料、催干剂二甲苯	附着力和防锈性能好，与多种面漆配套性好，但耐湿耐热性差，不能与铁红纯酚醛底漆混合使用	中级轿车车身
H06-3	铁红、锌黄环氧底漆	环氧树脂、三聚氰胺、甲醛树脂、防锈颜料、溶剂	护着性、耐水性及耐腐蚀性均很好	高级轿车车身
H06-5	铁红环氧树脂电泳底漆	环氧树脂、亚麻油酸、顺丁烯二酸酐、丁醇、胺类、蒸馏水	护着性、耐水性及耐腐蚀性均很好	轿车及其它大批量生产车身
H06-19	铁红、锌黄环氧脂底漆	环氧树脂、植物油、氨基树脂、铁红锌黄体质颜料、溶剂	硬度高、耐久性与附着力好，可与磷化底漆配套使用	一般汽车车身

此外，H06-2 铁红锌黄环氧底漆也很常用，这种底漆适用于湿热带地区的保护性涂层及高级轿车、客车的装饰性涂层，其漆膜坚硬耐久、附着力好。铁红环氧底漆适用于黑色金属，锌黄环氧底漆适用于有色金属打底。对于黑色金属或经氧化处理的轻金属表面，先经磷化处理或涂磷化底漆 X06-1，然后再涂这种底漆，则效果更好，这种漆可与 Q04-2 硝基外用磁漆、A05-9 氨基烘漆等配套使用。此底漆先用二甲苯稀释到操作黏度，可喷、刷或浸涂，使用时搅

拌均匀，在室温自下12 h或在60℃烘干1 h，然后涂腻子或面漆。

近些年，随着电泳底漆得到大规模实际应用，汽车用底漆的发展很快。例如，以聚丁二烯树脂电泳底漆为代表的这类底漆就比以改性环氧树脂或酚醛树脂为主的电泳底漆好，其特点是泳透力高，汽车车身内部不设辅助电极也能涂得较好。目前，应用较多的阳离子型电泳底漆，是一种以环氧树脂为骨架的聚酰胺树脂，用有机酸中和成水溶液的电泳底漆，这种漆不仅泳透力优于阴离子型电泳底漆，而且耐腐蚀性更好。

七、车身中间层涂料

中间层涂料是指介于底漆层与面漆层之问的涂层所用的涂料，其主要功能是改善被涂工件表面和底涂层的平整度，为面漆层创造良好的基底，以提高整个涂层的装饰性。对于表面平整度较好，装饰性要求又不太高的载重汽车的车身和中级客车、轿车，在大量流水生产中，常不采用中间涂层，以简化工艺。但对于装饰性要求高的客车、轿车，有时采用几种中间层涂料。

1. 中间层涂料应具有的特性

（1）应与底漆、面漆层配套良好，涂层的结合力强，硬度配套适中，不被面漆的溶剂所咬起。

（2）应具有填平性，能消除被涂漆表面的划纹等微小缺陷。

（3）打磨性能好，打磨时不粘砂纸；在湿打磨后，能得到平整光滑的表面，并能高温烘干。

（4）耐潮湿性好，不应引起涂层起泡。为保证涂层间的结合力和配套性，中间层涂料所选用的漆基与底漆和面漆所用的漆基相仿，并逐步由底向面过渡。

2. 中间层涂料的类别与代号

中间层涂料的种类也比较多，主要是环氧树脂、氨基醇酸树脂和醇酸树脂漆，常用的中间层涂料有：

（1）C06-10醇酸二道底漆，又称醇酸二道浆：多用其喷涂在有底漆和腻子的表面上或只有底漆的金属上，填平微孔和纹路，喷涂后可常温干燥。若喷涂后放置0.5 h再在100~110℃温度下烘烤1 h，可提高漆膜性能。该涂料用二甲苯兑稀后喷涂，与醇酸底漆、醇酸磁漆、醇酸腻子、氢基烘漆等配套使用。漆膜细腻、容易打磨，打磨后平整光滑。

（2）H06-9环氧酯烘干二道底漆：作为汽车车身封闭底漆，用在有底漆和打磨平滑的腻子上，填密性良好，可填密腻于孔隙、细痕，也易打磨。施工以喷涂为主，用二甲苯调稀，漆膜烘干后，可用水砂纸打磨，使底层平滑：

（3）G06-5过氯乙烯三道底漆，又称过氯乙烯封闭漆：用来作为头道底漆和腻子层上的封闭性底漆，可填平微孔和纹道，打磨性较好，能增加而漆的附着力和丰满度。适宜喷涂，用X-3过氯乙烯漆稀释剂和F-2过氯乙烯防潮剂调整黏度，除防潮外还可防止发白。可与过氯乙烯底漆、腻子、磁漆及清漆等配套使用。

此外，H06-12环氧醇酸二道底漆、Q06-5灰硝基二道底漆、T06-6各色脂胶二道底漆和

F06-13 各色酚醛二道底漆等也是较常用的中间层涂料。

八、汽车车身面漆

汽车面漆是汽车多层涂层中最后涂层用的涂料，它直接影响汽车的装饰性、耐候性、耐潮湿性和抗污性。因而在汽车车身生产中，尤其是在轿车和高级客车生产中，对汽车用面漆的质量要求非常高。

（一）车身面漆应具备的性能

在选择汽车用面漆或制定面漆技术条件时应根据汽车的使用条件、产品品种和设计要求来确定，一般应具有如下要求：

1. 外观装饰性

涂膜外观应光滑平整、花纹清晰，对光泽度、桔皮程度、影像的清晰度等都随着车型的不同而有不同的要求。虽然色彩方面没有硬性规定，但要求美观大方，主色和辅助色对称明朗，色调性强，以保证汽车车身具有高质量的协调外形，对于有些高级轿车要求具有如镜面那样平滑漂亮的外观。

2. 硬度和抗崩裂性

面漆涂膜应坚硬耐磨，具有足够的硬度，以保证在汽车行驶中，车身与空气中灰尘或路面砂石的冲击和擦洗时不易产生划痕。

3. 耐候性

急冷急热的温度变化，面漆层易开裂，尤其是在面漆层较厚、未用热塑性型面漆及刚刚涂饰完的面漆层更易开裂。在选用面漆时应通过耐寒性和耐温变性（$-40 \sim +60\,℃$）试验，证实即使在最大的许可厚度的情况下，面漆层也不会开裂。另外，烈日曝晒、风雨霜雪的侵蚀都会使面漆失光变色，直接影响汽车的装饰性。因此，要求汽车用面漆涂层在热带地区长期曝晒不少于 12 个月后，只允许极轻微的失光和变色，不得有起泡、开裂和锈点。

4. 耐潮湿性和防腐蚀性

涂过面漆的工件浸泡在 $40 \sim 50\,℃$ 的温水中，暴露在相对湿度较高的空气中，面漆应不起泡、不变色或不失光。

对面漆层的防腐蚀性的要求虽没有像对底漆涂层那样高，但与底涂层组合后，应能增加整个涂层的防腐蚀性。

5. 耐药剂性

面漆涂层在使用过程中若与蓄电池酸液、机油和刹车油、汽油、肥皂液和各种清洗剂、路面沥青等直接接触，擦净后接触面不应变色或失光，也不应产生斑印。

6. 良好的工艺性能

在大量流水生产中，面漆的涂布方法多采用自动喷涂或静电喷涂，普遍采用"湿碰湿"

工艺，烘干温度一般为 120~140℃，时间为 30 min 左右，所选用的面漆对上述施工艺应有良好的适应性。在装饰性要求高时，面漆层还应具有优良的抛光性能。同时，面漆也应具有较好的重涂性（即在不打磨场合下，再涂面漆，结合力良好）和修补性。

（二）车身用面漆的种类

汽车车身用面漆的种类很多，按其成分主要有以下几大类：

1. 硝基漆

硝基漆是一种挥发型喷涂漆，其特点是漆膜干燥快，喷涂后在常温下仅需 10 多分钟就干燥好了；同时涂膜坚硬耐磨，光泽较好，易施工和修补；能抛光，装饰性好。但因涂料内固体成分很少，溶剂挥发后成膜很薄，必须喷涂多次，所以施工工序较繁琐，并且打磨抛光劳动强度也大，溶剂耗量大，火灾危险性也大。此外，硝基漆价格较高，耐水性和耐候性差，即保光保色性差，耐化学药品性能也不好，且有毒性，喷涂时对人的健康还有危害。近年来，应用各种优质的合成树脂来改良硝基漆，使硝基漆的质量在保持其优点的基础上显著地提高了耐候性、保光保色性和固体成分等，漆膜外观也更加鲜艳优美。由于硝基漆的装饰性好，某些轿车用它作为面漆喷涂，例如 Q04-2、Q04-31、Q04-34 各色硝基磁漆。在汽车修补用涂料中硝基磁漆也还占相当大的比重。

喷涂硝基漆时要注意与底漆和腻子配套，不能采用油脂底漆，因为硝基漆的溶剂（香蕉水）会咬起底漆涂层，一般采用环氧底漆和醇酸底漆。此外，刮涂腻子宜薄且要干透，施工场地和被涂物面要清洁干净，还要通风防潮，注意防火。

2. 过氯乙烯漆

过氯乙烯漆也是一种挥发性涂料，具有快干的特点，较硝基漆干得稍慢些，但其耐候性、耐湿性和化学稳定性比硝基漆好，成本也较硝基漆低。施工也很方便，可喷涂、刷涂或静电喷涂。其缺点是附着力较差、溶剂释放性差。固体含量也低，漆膜薄，需要喷涂三道以上。此漆一般宜在 60℃以下使用，同样也要注意与底漆的配套，一般宜采用环氧底漆和环氧腻子，不能与硝基漆混用。用得较多的过氯乙烯漆有 G06-9 各色过氯乙烯外用磁漆、G04-10 各色过氯乙烯半光磁漆和 G04-13 过氯乙烯静电磁漆。

3. 醇酸树脂漆

醇酸树脂漆能常温干燥，涂膜能形成高度的网状结构，漆膜光亮，经久不变，同时漆膜柔韧，附着力好，耐久性强，不易老化。即其耐候性、机械强度和附着力均显著地优于硝基漆，且施工简便，不需打磨抛光，可减轻劳动强度。但由于其装饰性和耐水性均差，在湿热的气候条件下易起泡，在国外已逐步被氨基醇酸树脂漆所取代，仅在重型汽车和无烘干条件时才用醇酸磁漆。在我国载重汽车用面漆中尚使用较多，例如 C04-42、C04-48、C04-49、C04-51 各色醇酸磁漆及 C04-43 各色醇酸无光磁漆和 C04-44 各色醇酸半光磁漆。

4. 氨基醇酸烘漆

氨基醇酸烘漆是用氨基树脂与醇酸树脂配合而成的，汽车用氨基面漆均为三聚氰胺醇酸树脂体系。氨基树脂改善了醇酸树脂的硬度、光泽、烘干速度、漆膜外观，也提高了醇酸树脂的耐碱、耐水、耐油、耐磨等性能。醇酸树脂又改善了氨基树脂的脆性及附着力，互相取长补短，发挥了两者的优势。所以这种漆具有以下特点：

（1）漆膜外观丰满，色彩鲜艳；

（2）漆膜坚韧，附着力好，机械强度高；

（3）耐候性、抗粉化、抗龟裂性比醇酸漆稍好些，干透性好；

（4）具有一定的耐水、耐油、耐磨性能；

（5）具有良好的电气绝缘性能；

（6）可采用静电喷涂，以提高生产效率，降低涂料的耗用量。

由于氨基漆具有很多良好的性能，从全面性能来看，它是现代一般汽车车身用面漆中品质优越的品种之一。因此，它被广泛用于具有烘烤条件的各种金属制品上，越野车、中小型客车、高级轿车都有使用氨基烘漆的。氨基漆可与 X06-1 薄化底漆、H06-2 环氧底漆（或 C06-1 醇酸底漆）、HOT-4、HOT-5、HOT-7 环氧腻子（或 C07-5 醇酸腻子）和电泳底漆配套使用。应用较多的有 A05-22 氨基静电烘漆（或 A05-9 氨基烘漆）、A05-15 漆和 A01-10 氨基清烘漆（罩光漆）。

5. 丙烯酸漆

汽车用丙烯酸漆可分为热塑性和热固性两大类，前者随溶剂的挥发而干燥，而后者要靠热、触媒或两者结合的作用才能固化成膜。热固性丙烯酸漆主要用于汽车面漆，以代替氨基漆，施工情况和配套漆与氨基烘漆大致相同。它和氨基漆比较有以下特点：

（1）光泽好，硬度高，保光保色性耐久不变；

（2）附着力好，尤其对锌铝等金属；

（3）耐候性好；

（4）耐水性、防霉变性和耐污染性好；

（5）成本较高，烘烤温度也较高，一般在 120℃ 左右，有时可高达 150℃；

（6）具有优良的抛光性能，能制得平整光滑、物象清晰、光亮如镜的漆膜外观。因此丙烯酸漆是一种优良的装饰性涂料。

汽车车身常用的丙烯酸漆有 B01-10 丙烯酸清烘漆及 B04-9、B04-11 各色丙烯酸磁漆、B05-4 各色丙烯酸烘漆等。

汽车车身常用面漆的主要特性如表 4.1.2 所示。

表 4.1.2　汽车车身常用面漆

代号	名称	主要成分	主要性能特点	应用范围
A01-10	氨基清烘漆	氨基树脂、三烃甲基丙烷醇酸、丁醇二甲苯	漆膜硬度高，光泽好，耐湿及耐候性好	用于轿车车身外部金属零件 A05-15 面漆罩光
A05-15	各色氨基烘漆	氨基树脂、三烃甲基丙烷醇酸、脱水蓖麻油、醇酸树脂及有机溶剂	漆膜硬度、光泽度及耐候性、附着力均较好	在中级轿车车身上与电泳底漆、环氧树脂底漆配套使用
B01-10	丙烯酸清烘漆	甲基丙烯酸酯、丙烯酸酯、甲基丙烯酸、β-烃乙酯、三聚氰胺甲醛树脂、增韧剂及苯、酮类溶剂	漆膜光泽度、硬度、丰满度较好，稳定性极好	用于轿车车身 B05-4 面漆罩光

代号	名称	主要成分	主要性能特点	应用范围
B05-4	各色丙烯酸烘漆	在 B01-10 中加入颜料	热固性漆，烘干后各种性能良好	用于要求较高的轿车车身
C04-49	各色醇酸磁漆	植物油、改性树脂、颜料、催干剂、二甲苯	较好的附着力及耐水、耐侯性	用于车身内表面
Q04-31	硝基磁器	椰子油醇酸树脂、低粘度硝化棉、氨基树脂、增韧剂、溶剂	漆膜光泽、机械性能及耐久性较好	中、高级轿车车身

九、汽车新型涂料

随着环保要求越来越严格，在汽车涂装中的低公害涂料得到较快发展。近年来应用的新型环保涂料主要有水性涂料及粉末涂料。

（一）水性涂料

水性涂料是以水作为溶剂的涂料，又称为水稀释性涂料，主要品种是水溶性涂料，其树脂的分子量在 5 000 ~ 10 000，这些树脂与常用的醇酸树脂、环氧树脂、丙烯酸树脂相似，是以少量的有机胺使其水溶，并配以一定比例的有机溶剂，在干燥过程中，胺与溶剂挥发掉，随即进行交链反应，并转化成耐水的涂膜。水溶性涂料可以用浸、喷、淋等方法施工，其中应用最广的是阴极电泳漆。

电泳涂漆具有以下优点：

（1）漆膜均匀，附着力强，质量好，一般涂漆方法不易涂或不好漆的部位如内层、凹缘、焊缝等处都能获得均匀、平整、光滑的漆膜。

（2）材料利用率高。油漆利用率高达 90% ~ 95%，同时还能节约大量有机溶剂。

（3）生产效率高，能实现涂漆工序自动化；

（4）以水作为主要溶剂，减少了空气污染，没有火灾的危险，同时改善了劳动条件。

因而，尽管电泳涂漆也存在着设备较复杂、投资费用大、烘烤温度较高、耗电量稍大、只限于在导电的被涂物表面上涂漆等缺点，但目前汽车车身生产中几乎都采用了电泳涂漆。

除了水溶性涂料以外．还有水乳胶涂料和胶体分散涂料也是属于水性涂料，这两种涂料是更新型的涂料。

（二）粉末涂料

粉末涂料是一种无溶剂涂料。粉末涂饰彻底排除了油漆本身所含的溶剂，因而用粉末涂料代替历来采用的油漆是防止公害（有机溶剂污染大气）的有效措施之一。世界各国都认为粉末涂饰工艺是涂饰工艺的一次"革命"。

粉末涂料具有以下显著的优点：

（1）不含有机溶剂。原来的油漆材料中含有在成膜过程中挥发掉的溶剂近 50%，而粉末涂料是一种 100% 固体成分的涂料，因而由有机溶剂引起的苯中毒、污染大气、火灾等弊病也就消除了。

（2）材料利用率高。由于飞溅喷涂的粉末容易回收，据介绍，好的回收装置能使粉末涂料利用率达到 98% 以上，所以几乎没有什么涂料损失。

（3）能一次涂装得很厚，可减少涂布次数，简化了工艺。工件不经预热，一次涂装厚度可达 40～150 μm；如经过预热，则一次喷涂可达 300 μm；而且不会产生垂流、起泡等漆膜弊病。

（4）容易实现涂饰自动化。由于经过喷涂的粉末可以回收以及在一定静电斥力作用下当涂层达到必要厚度时粉末就不再附着等因素，它要比溶剂型涂料更易于实现自动化。

（5）在常温下不溶解或难溶解的树脂（如尼龙、氯乙烯树脂等）也可制成粉末涂料。

（6）粉末涂料的机械性能和抗化学腐蚀性能及耐候性均优于同类型的溶剂型涂料。

（7）设备投资比传统的二道涂饰系统溶剂型涂料更少（指附有有机溶剂焚烧装置），而且不需要预干燥过程。

当然粉末涂料也有缺点，例如固化温度较高，至少在 130℃ 以上；更换涂料的颜色也比较困难；单件小批量生产时成本较高等。

粉末涂料主要分热塑性和热固性两大类。热塑性粉末涂料包括尼龙、聚乙烯、聚丙烯、聚氯乙烯、醋酸丁基纤维素与聚酯等；热固性粉末涂料则以环氧为代表。在汽车工业中使用的粉末涂料主要是环氧聚酯和丙烯酸，其中以环氧粉末涂料用得最广泛。环氧粉末涂料对金属具有良好的附着力，硬度和耐磨性也很好，而且弹性与冲击强度等性能良好，耐各种化学试剂的性能尤其突出，但因耐候性较差，容易粉化和变色，故一般仅作为底漆层使用。

【任务实施】

汽车车身用涂料认识作业如表 4.1.3 所示。

表 4.1.3　汽车车身用涂料认识作业表

（1）了解汽车车身涂装用底漆、中间涂料及面漆； （2）掌握车身涂料的使用方法		
汽车车身涂料认识注意事项	（1）注意汽车车身涂料库房及涂装生产线安全保护； （2）注意现场整洁，避免影响工人正常生产	
任务实施过程	作业内容	作业要领	检查记录
	指导教师介绍涂料库房中各种涂料及涂装生产线涂料加注、检测	熟悉类型、特性、主要技术指标及其用途	
	观摩涂料库房中各种涂料及涂装生产线涂料加注、检测	观熟悉各类涂料的用途，并填写任务单	
任务总结			

任务二 汽车车身涂装前表面处理

【任务分析】

为增加汽车车身金属表面与涂料层间的结合力，提高涂层的质量，延长涂层的使用寿命，在涂漆前必须充分除去车身表面附着的油脂、锈蚀、氧化皮、灰尘等各种污物，为涂层提供一个良好的基底。这个过程就是汽车车身涂装前表面处理，是车身涂装中一个非常重要的程序。

涂装前处理主要包括除油、除锈、磷化、钝化等方面，其中除锈一般在车身零件成形之前进行，或在磷化过程中同时进行；而钝化有逐步取消的趋势，因而本任务中主要介绍除油及磷化工艺。

【相关知识】

金属表面上油污的存在严重影响涂层的质量，因此在涂饰前必须彻底清除。由于油污的情况较复杂，有各种类型，因此其去除工艺也各不相同。根据油污的性质及所沾污的程度，工业上常用的除油方法可分为物理机械方法和物理化学方法两大类，借助于机械作用除油如擦抹法、喷沙法和超声振荡法等都属于物理机械方法，这在汽车车身表面处理中用得较少。车身表面处理中常用的物理化学除油法主要是碱液清洗除油法、乳化剂清洗除油法及溶剂除油法。

一、车身除油工艺方法

（一）碱液清洗除油法

碱液清洗除油法在汽车车身制造中应用较为广泛，虽然近年来发展有各种新型的脱脂材料及工艺，但由于碱液脱脂方法简单，成本低廉，故仍在金属表面清洗除油法中占优势地位。

1. 碱液除油的机理

碱液清洗除油法主要是通过皂化作用、乳化作用和分散作用来完成除油过程的。

（1）皂化作用：油污中的动植物油脂大都是由不同高级脂肪酸组成的混合酯。当有碱类存在时，这些酯类与水共热可发生水解，如油脂与碱类中的 NaOH 水溶液共热即发生水解反应，生成高级脂肪酸，而 NaOH 立即与其反应生成溶解于水的脂肪酸钠盐，即肥皂和甘油。这样就完成了除油过程。因其反应生成物是肥皂，所以一般又称为皂化反应。

（2）乳化作用：车身零部件表面上的油污大多是以矿物油为基料的化合物，它们遇到碱类清洗剂时不能像脂肪酸一样起皂化作用，此时便要借助于碱类清洗剂中的乳化剂，如碳酸钠、硅酸钠等，它们能促使这些油液以微小颗粒分散在水溶液中而形成稳定的乳浊液，从而达到从金属表面上除去油污的目的。这就是碱液清洗剂的乳化作用。

（3）分散作用：碱液清洗剂中的磷酸钠等还有分散作用，它能把油污中的微小颗粒状的固体污垢悬浮在清洗剂溶液中，阻止它们凝结或重新沉积在工件表面上，从而达到脱脂的目的。

2. 除油剂的选择

在选择除油剂时，除了必须考虑其具有上述的皂化、乳化和分散作用外，还必须具有表面张力小、冲洗性好、热稳定性好及对金属没有腐蚀作用、无毒性和成本低等特点。因为车身零部件表面上的油污情况比较复杂，很难有一种单独组分的除油剂能够同时具备皂化、乳化和分散等作用，实用的除油剂主要是由多种成分的碱类和几种表面活性剂等共同组成的复合碱液清洗剂。

常用碱液清洗剂中的碱主要有氢氧化钠（NaOH）、碳酸钠（Na_2CO_3）、磷酸盐类、硅酸盐类等，一般使用的碱液清洗剂是根据金属的材质和附着的油类的种类多少而选定合适的配方，最好是 2～3 种碱配合使用，使其各自的特性充分发挥，以达到更好的效果。

在碱液清洗剂中，一般还要加入三聚磷酸钠或偏磷酸钠等磷酸盐来除去硬水中的钙离子和镁离子以使硬水软化，加入葡萄糖酸钠及乙三胺四乙酸也能起到同样的作用。

碱液清洗剂中还要加入各种分别具有去垢、湿润和乳化作用的表面活性剂。表面活性剂是一种有机物质，有阳离子、阴离子和非离子型三大类。它们是除油剂的主要成分之一，能降低溶液表面张力，改善湿润功能，并能除去金属表面的油脂和脏物。用于磷化前除油的表面活性剂，多数采用非离子型的，这种表面活性剂的特点是在水中不分解，也不受水的硬度影响，活性保持稳定，具有良好的脱脂效果。在选择表面活性剂脱脂时，要注意工艺所要求的温度，因为表面活性剂在不溶解的条件下，在水中发挥乳化、润湿、分散能力。当温度上升时，表面活性剂会从溶液中沉淀下来，失去净化作用。表面活性剂的浓度在脱脂中起着重要的作用。脱脂液中必须保持一定量的表面活性剂的"分子聚集体"，故在选择表面活性剂时要注意表面活性剂的最佳浓度值。

3. 除油工艺

碱液清洗除油工艺根据除油零件的形状大小、油污的情况及生产批量各不相同，一般制件表面除油的典型工艺是先碱液除油，再经过一次洗涤和二次洗涤，最后烘干，去掉残留水分。

碱液除油的方法常用的有喷射式除油和浸渍式除油或两者的结合。喷射法的优点在于除碱液的化学作用外同时还具有液流的冲击力作用，效果较显著。但对于某些形状较复杂的零件，液流喷射不到的部位则效果较差一些。喷射结合浸渍是比较理想的方法。

在汽车车身制造过程中，一些大型覆盖件在冲压成形后至装配焊接前须进行脱脂清洗，洗去大量的拉延油等，而在装配焊接后涂漆前再进行一次漆前清洗。对某些中小型零件，油污不太多的则在漆前进行一次清洗就可以了。

下面介绍漆前碱液清洗除油的有关工艺参数：

（1）浓度：碱液浓度与除油方式有关，浸渍式除油液浓度应高于喷式除油液浓度。浓度对脱脂效果影响很大，浓度低，净化能力弱，浓度高虽能提高脱脂效果和耐用性，但耗量高，同时水洗量也相应提高（因为脱脂后金属表面碱的剩余物必须充分洗干净），且在高浓度的溶液中，有许多除油剂起盐析作用而浮于溶液表面或下沉于槽底，从而失去脱脂能力。所以浓度过高的除油液的脱脂效果，有时比低浓度的还要差。一般情况下，喷式除油液浓度为1%、浸式除油液浓度为5%比较适宜。

（2）温度：除油液温度高，除油效果比较好。但在喷式除油条件下，液温太高，会产生蒸气，同时，由于液温过高，工件表面干得快，造成水洗困难，能量消耗就大，不经济。工作温度可在80℃左右，一般以70～90℃为宜。

（3）除油时间：喷式除油时间较浸式除油时间短。喷式除油在0.5～1 min内就会除去金属表面约90%的油脂与污垢，浸式除油时间一般在3～10 min内。

（4）喷洗压力：除油时，工件及清洗液的相对运动起着重要作用。在喷式除油中，除喷射压力外，喷嘴和工件的距离以及溶液的喷射量都是重要因素。

提高喷射压力，可以缩短净化时间。但对于易变形的工件，不允许采用高压喷射。另外，从喷嘴喷出的溶液不应是雾状的，而应以足够的压力喷射到工件表面上。

如果采用浸式除油方式，也应强化除油液的流动，如加强循环搅拌等。

随着碱液清洗剂和涂饰技术的不断发展，目前国内外的碱液清洗工艺也有许多进展。除了为适应汽车大量生产的流水作业方式，除油净化工艺已由单喷或单程工艺改为喷、浸结合的形式。此外，近年来由于在车身制造工艺中倾向采用以矿物油为基料的润滑油，故在清洗剂中就逐步发展成不再需要含有强碱性的碱类（如 NaOH），而碱液清洗剂中原有的皂化作用可以用加强乳化作用的方法予以取代。所以中等碱性清洗剂开始代替强碱性清洗剂，这样不但对铝等轻金属有益，而且选用表面活性剂的范围也加宽了，因为某些表面活性剂易在强碱溶液中水解。同时，在表面活性剂研制方面也向低泡高效方向发展。为了减少公害，还发展选用具有生物降解作用的表面活性剂，以避免用后排放时泡沫的积聚。国外很少单独采用表面活性剂进行清洗，因为这样含量较高，泡沫不易控制，添加补充也很困难。所以，一般都将表面活性剂加在碱性清洗剂中使用。近年来，还在碱性清洗剂中加入钛化合物，以活化金属表面，使随后生成的磷化膜结构更致密、更均匀。漆前表面处理用水的规格，过去一般采用自来水。实践表明，水质对涂层性能影响很大。水中的杂质离子残留在涂层中将影响涂层的耐湿性，若带入电泳槽中，又将影响槽液的电导和电泳漆膜的质量。因此，国外汽车工业对漆前的最后一道水洗用水的水质严加控制，均采用去离子水。

（二）乳化剂清洗除油法

乳化剂清洗除油法是在有机溶剂中加入一种或数种表面活性剂，或再添加弱碱性净洗剂组成的一种混合液，当用这种混合液浸渍或喷射在被洗物上时，溶剂浸透油脂层使油脂微粒化，而表面活性剂又使油脂微粒乳化分散在水中从而把油脂除去。

乳化剂清洗液是由有机溶剂和表面活性剂组成。有机溶剂是指沸点在220～240℃的烃系溶剂，例如煤油、轻油、干洗用溶剂等。所谓表面活性剂是具有乳化、洗净、浸透、分散、湿润和可溶化等作用的物质，是亲水基和亲油基有机物的混合物。作为主要乳化清洗剂而采用的表面活性剂是非离子性的，主要烷基醚型、脂肪酸酯型、烷基酚型、多元醇诱导体等几大类。

乳化剂除油较碱液除油主要有以下优点：

（1）对油脂类污物以及固体的粒子或其他污物等能一起除去。

（2）对铝等不适合碱液脱脂的轻金属也能使用。

（3）脱脂工艺时间短，清除油污效果好。

（4）采用乳化剂清洗的物体表面，有不沾水的特性。

（5）无毒、无害。

（6）无需特殊的装置。

但是用乳化剂脱脂时也应注意，若水洗不完全时，表面活性剂或碱液在金属表面残存，会给磷化处理工艺造成恶劣的影响。所以要用流水充分冲洗，然后再用热水进行冲洗，把表面附着的微量异物完全除去。

乳化剂清洗除油法是表面脱脂中应用较为广泛的方法。

（三）溶剂除油法

车身零件表面上有的油污，特别是一些陈旧性老化油污或重度污物以及一些树脂型的润滑剂、天然石蜡等，用碱液清洗剂清除比较困难，多借助于有机溶剂溶解油脂的能力，来达到脱脂的目的。

钢板表面有机溶剂脱脂常采用三氯乙烯，它的溶解能力强（在15℃时比汽油大4倍，在50℃时比汽油大7倍），沸点低（86.9℃），蒸发潜热低，比热小。蒸气密度大，易产生蒸气界面而不易扩散。利用三氯乙烯的这些特性，将要清洗的工件放入三氯乙烯的气相中，利用工件表面与三氯乙烯蒸气的温度之差，使它的蒸气在工件表面液化，而液化了的三氯乙烯对工件表面上的油脂不断溶解，直至工件表面温度与三氯乙烯蒸气的温度平衡即完成清洗过程。在国外，趋向于以甲基氯仿来代替三氯乙烯，因为三氯乙烯的毒性较大。

对铝的脱脂，一般采用四氯乙烯，因为三氯乙烯有一定的腐蚀作用。

采用三氯乙烯作为清洗剂时，为避免其分解，需要加入稳定剂。稳定剂的配方有两种。

一种是：醋酸乙酯002%，四氢呋喃0.2%；另一种是：三乙胺0.05%，环氧氯丙烷0.5%，四氢呋喃0.5%．吡啶0.01%，异丁醇0.1%。

有机溶剂脱脂的方式有浸渍式、喷射式、溶剂蒸气法及超声波清理法等：浸渍式较简单，但在长期浸渍清洗的溶剂里积累一定量的油脂，当部件取出后往往有残存的油脂留于工件表面。溶剂蒸气清洗可以避免此缺陷，但操作及设备较复杂，去油速度较慢，而喷射方式则去油速度快，质量好。

在国内车身制造中，大型覆盖件的除油一般极少采用有机溶剂法。

二、车身磷化处理

用磷酸或锰、铁、锌、镉的磷酸盐溶液处理金属制品表面，使金属表面生成一层不溶于水的磷酸盐薄膜的过程叫磷化处理。磷化处理在车身涂饰施工中占有很重要的地位。磷化膜作为油漆涂层的基底，能显著提高涂层的耐蚀性，阻止腐蚀在涂层下以及在涂层被破坏的部位扩展，并能增强涂层与金属之间的附着力，因而能大大延长涂层的使用寿命。在车身制造过程中，对于一些大型覆盖件几乎毫无例外地在漆前都进行磷化处理。磷化按其处理方式不同可分为浸渍式、喷射式和电化学磷化；而根据其反应时温度不同分为高温、中温和低温磷化；根据反应时速度不同又可分为正常磷化和快速磷化。在车身制造过程中应用较广的是喷射式快速磷化处理，磷化膜的厚度在 1.5 ~ 3 μm 内。

影响磷化质量的因素如下：

1. 总　酸

总酸星反映磷化液浓度的一项指标，对于某种配方的磷化液，其总酸有一定的数值，例如 TPY-431 型磷化液的规定浓度为 24 ~ 26 点。总酸过低时，磷化膜稀疏、发暗，甚至磷化不上；总酸过高时，沉淀多，浪费材料，且对金属有一定的腐蚀作用。在磷化液的使用过程中，总酸会因消耗而下降，此时可用补充浓磷化液的方法来提高总酸。

2. 游离酸

磷化液中游离酸的作用是控制磷酸二氢盐的离解度，游离酸也有一定的规定，例如，在 0.7 ~ 1.1 点时，就可满足成膜离子浓度的需要。如果游离酸过高，则膜薄，反应缓慢，且易引起制件表面酸蚀；若游离酸过低，将促使生成过多的磷化沉渣，表面产生粉末状的残渣。

3. 酸　比

酸比是总酸与游离酸的比值。酸比大的配方，其成膜速度快，磷化时间短，需要的温度也低。一旦配方定好，控制好总酸的浓度，酸比也就在一定的范围内了。

4. 温度的影响

温度过高，磷酸二氢锌的离解度大，成膜离子浓度大幅度提高，沉淀大量生成，结晶粗糙，且会消耗磷比液中有效成分。温度过低，成膜离子浓度达不到浓度积，不能生成完整的磷化膜。所以某种配方，温度必须控制在一定范围内，例如 TPY-431 型磷化液要求的磷化温度是（35 ± 3）℃。

5. 时间的影响

时间过短，成膜量不足，不能形成致密的磷化膜，时间过长，结晶在已形成的膜上继续生长，表层形成较粗的疏松厚膜。因此，时间一般要控制在 1 ~ 3 min。

6. 磷化方式

磷化液与被处理表面的接触方式有浸渍、喷射和喷浸结合等多种方式。喷射磷化比浸渍磷化所需要的时间短，生成的膜薄，但对外形复杂的车身覆盖件来说，有时采用浸渍法处理比喷射式具有更好的效果，因为部件的空腔部位及许多难以喷射到的地方均能很好地磷化。但浸渍法处理时间较长，所需温度较高，药品耗量较大，沉渣也较多；

三、典型前处理工艺及设备

以我国东风汽车公司的载货汽车车身漆前处理线为例，该线包括除油、磷化和钝化等几道主要工序，其工艺流程如图 4.2.1 所示。

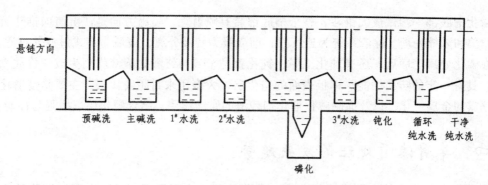

图 4.2.1　全喷淋式漆前处理工艺流程

该线采用全喷淋方式，其优点是车身外表面的处理效果好，占地面积小，设备投资少；缺点是对内腔的处理不够理想，但对载货汽车而言，也基本满足要求。

车身喷淋在罩壳中进行，如图4.2.2 所示，设备下部为工作液循环槽（亦为加热槽）和加料附槽。

为防止磷化时腐蚀性酸雾飞溅，在磷化喷射区的两端设有供排气装置。

该线磷化液的加热采用了外加热方式，蒸气经过螺旋板式换热器将水加热；再由热水通过板式换热器将磷化液加热。这样避免了直接加热引起磷化液沉渣等问题，同时酸洗系统定期运转可将磷化系统所有管道内的沉渣清洗干净。由于脱脂剂和磷化液的用量大，该线还设

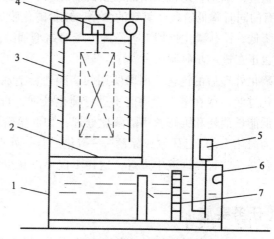

图 4.2.2　喷淋槽示意图

1—壳体；2—栅栌；3—喷管；4—悬链；5—液下泵；
6—溢流口；7—过滤网；8—挡板

置了溶液自动补加装置，如图 4.2.3 所示。溶液由泵注入高位补加槽，根据电导探头测定的溶液浓度来控制补加溶液的电磁阀的开启和关闭，从而达到自动补加及稳定槽液的目的。

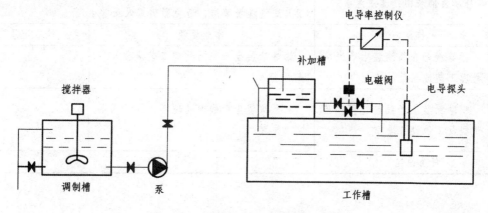

图 4.2.3　溶液自动补加装置示意图

磷化槽底部一端做成大锥斗,整个槽底部装有喷射管,喷射方向是使沉渣向锥斗沉积,便于收集和浓缩处理。除渣系统为连续式,前二级为旋液分离,最后为带式过滤器过滤。

在磷化处理工序后,还有钝化工序,钝化就是金属与铬酸盐溶液作用生成三价或六价铬化物,具有一定的防腐性能。钢板表面的铬化层,大多用来封闭磷化层,主要是使磷化层孔隙巾暴露的金属钝化,以及抑制磷化催化剂残渣的腐蚀作用,结合磷化层以增强防蚀能力。

四、车身漆前处理的发展趋势

为适应日益广泛的电泳涂漆的要求,磷化处理几乎都采用薄膜致密型,即膜的质量在 $1.5 \sim 3.0 \ g/m^2$. 为了确保电泳漆膜的外观、附着力及耐蚀性等要求,磷化膜在电泳槽中应具有最小的溶解度和良好的导电性。有的在磷化过程巾加入以三聚磷酸钠或三聚磷酸钠和钛盐的混合物等添加剂,以得到结晶致密的磷化膜,沉渣量可减少 $20\% \sim 30\%$,而防蚀性也有所提高;有的同时降低磷酸二氢锌的含量,减少磷化膜的厚度 $1 \sim 2 \ \mu m$,使磷化膜在电泳涂漆时溶解性降低;铁盐磷化处理工艺及配方及对新型油漆涂层(如粉末涂料)的相应磷化处理方法,目前也正在进一步研制中。

磷化处理后的钝化,因为所用的铬酸盐会造成严重的环境污染,正在逐步向不使用铬酸盐钝化过渡,或在电泳涂漆前不进行钝化处理,直接由水洗后进入电泳。为节约能源,也发展降低能量消耗和维修费用的磷化处理,如低温磷化等。

为简化工艺,已研制成除锈——磷化二合一处理液,它能把车身零部件的除锈工序和磷化工序合并在此种处理液中进行,这样不仅可以减少劳动量,还可以减少环境污染。

【任务实施】

汽车车身涂装前表面处理作业如表 4.2.1 所示。

表 4.2.1　汽车车身涂装前表面处理作业表

任务实施过程	(1)了解汽车车身涂装前表面处理工艺过程; (2)掌握汽车车身涂装前表面除油、除锈、磷化、钝化处理的操作要领		
	汽车车身涂装前表面处理注意事项	(1)注意汽车车身涂装前表面处理生产线安全保护; (2)注意现场整洁,避免影响工人正常生产	
	作业内容	作业要领	检查记录
	指导教师介绍涂装生产线前处理工艺流程及设备	熟悉涂装生产线前处理工艺流程及设备	
	观摩涂装生产线前处理工艺流程及工位设备操作	熟悉涂装生产线前处理各工序技术要领,并填写	
	任务总结		

任务三　汽车车身涂漆与漆膜干燥

【任务分析】

汽车车身涂漆质量直接关系车辆外形的美观度及车辆的使用寿命。在汽车生产中，为保证车身涂漆质量，一方面应采用性能优良的涂料品种，另一方面还需选择正确的涂漆方法及制定合理的涂漆工艺。

【相关知识】

一、车身涂漆方法及设备

汽车车身制造中常用的涂漆方法主要有刷涂、浸涂、喷涂、静电喷涂、电泳涂漆和粉末涂饰等。

（一）刷　涂

刷涂是一种使用毛刷手工涂漆的方法。除了一些快干和分散性不好的涂料外，几乎所有的涂料都可以使用刷涂。常用的有油性漆、酚醛漆和醇酸漆等。特别是油性涂料对金属的表面细孔容易渗透、附着力好，使用得较多。

刷涂所需设备简单，投资少，施工方便，操作简单，容易掌握，灵活性大。但是手工劳动生产率低，施工的质量在很大程度上也取决于施工技巧；漆膜往往有粗粒及刷痕，装饰性差，所以只适用于局部维修或小批量生产。

（二）浸　涂

浸涂是将被涂零部件浸入盛有涂料的槽中，经过一定的时间后再取出经滴漆、流平、干燥即可。

在采用浸涂法时，涂膜厚度主要取决于漆液的黏度，而浸涂时间一般无多大影响，所以一定要使油漆黏度保持在规定的工艺范围内，一般为 15～20 s 为宜（用 4 号杯黏度计测定）。此外，零件入槽和出槽应保持垂直位置，入槽动作也必须缓慢均匀，防止制件的表面与漆层间带入空气而破坏涂层。制件从漆槽中提出也不宜过快，要保证制件上多余的漆液可以流掉。而且，零件在浸漆、流漆及干燥过程中应处于同样的位置，这样便于漆液更快流尽，涂膜才能均匀无流痕，在大容量的漆槽内，应设有搅拌器，以防止涂料发生沉淀。

浸漆是一种最简单、生产效率较高的涂漆方式，它既不要很高的技术，又不需复杂的设备，涂漆过程很容易实现机械化或自动化。但也存在着一定的局限性，如对挥发型涂料、含有重质颜料的涂料及双组分涂料等不适用。同时，由于浸涂所形成的漆膜易产生上薄下厚、流挂等现象，因此，仅适用于外观装饰要求不太高的防蚀性涂层。

（三）喷　涂

一般说的喷涂是指压缩空气喷涂，它是利用压缩空气在喷枪喷嘴处产生的负压将漆流带出并分散为雾滴状，涂覆在物面上，这是目前使用最普遍的涂饰施工方法。

喷涂所用装置及设备主要有喷枪、空气压缩机、油水分离器、喷漆室等，其中喷枪、空气压缩机、油水分离器等产品都已是定型产品，可外购；喷漆室是一种专用的喷漆设备。由于空气喷涂过程中有大量溶剂、漆雾污染空气，危害工人健康，而且易造成火灾、有爆炸的危险，所以喷漆室应设置在远离火源的地方，而且结构上应能防火。室内温度要求在 18～30℃：须设置排气装置，保持空气流通；室内保持负压状态，以防止和减少溶剂、漆雾扩散至全车间；喷漆室的空气要经过过滤，保持室内清洁，无尘土油污，以保证喷漆质量；喷漆室的光线要充足，以便能看清喷涂工件的各部位，有利于操作。

喷涂的最大特点是工效高，施工方便，可手工喷涂，也可机械化喷涂。它可以适应几乎任何条件下不同形状尺寸的物体以及多种油漆材料；涂膜光滑平整，厚薄均匀。对于快干及挥发性漆如硝基漆、过氯乙烯漆等使用最合适。但是油漆的有效利用率低，特别是在喷涂小型零件时，漆雾损失较大，并易引起火灾和苯中毒，影响工人健康，需要良好的通风陈尘设备。

喷涂施工的质量主要决定于涂料的黏度、工作气压、喷嘴到物面的距离以及工人操作熟练程度。为了获得平整光滑、均匀一致的涂层，手工喷涂时必须掌握正确的操作方法：

（1）施工前，要根据涂料的种类及空气压力、喷涂物的大小以及喷涂表面的状态，将涂料调至适当黏度。

（2）供给喷枪的空气压力一般为 300～600 kPa。

（3）喷嘴与喷涂面的距离一般以 250～400 mm 为宜。

（4）喷出漆流的方向，尽当尽量与喷涂面垂直，运枪时最好以 10～12 m/min 的速度均匀移动，尽量避免时快时慢。

（5）操作时，每喷涂一条带的边缘，应当叠压在前面已喷好的条带边缘上，一般以重叠 1/3～1/2 为宜。

除了上述的压缩空气喷涂以外，还有一种高压无空气喷涂，这是涂料施工中的一项新工艺。高压泵使涂料受压达 10～17.5 MPa，然后从喷枪嘴极精细的喷孔中喷出，当受高压的涂料离开喷嘴到达大气中时，便立即剧烈膨胀，雾化成极细小的漆粒喷到零件上形成涂膜。该工艺的优点是：涂层厚，生产率高，漆雾少，涂料利用率高，节约溶剂，同时也改善了劳动条件。此喷涂方法一般喷漆都适用，特别对于喷涂高黏度涂料更具优势；因涂料中没有混杂压缩空气中的水分与杂质，故提高了漆膜的质量，附着力也好。但是此法的涂膜均匀性及外观装饰性较差，也不适用于含粒度较大的颜料性涂料的涂饰施工。

（四）静电喷涂

静电喷涂是一种涂饰新工艺，它是借助于高压电场的作用，使喷枪喷出的漆雾带电，通过静电引力而沉积在带导电的工件表面上而完成喷漆过程。负高压接在喷枪上，工件接地，使负电极与工件之间造成一个不均匀的静电场，靠电晕放电现象，首先在负极附近激发出大量电子，被雾化的漆粒子一进入电场就与电子相结合，呈负电荷粒子，在电场力作用下奔向工件（正极），使油漆微粒均匀地吸附在工件表面上，经过烘干便形成牢固的涂膜。

静电喷涂用的高频高压静电发生器产生直流高压电源。电压的高低是影响喷涂质量的重要因素，电压高，涂着率就高。但过高时对设备的绝缘性能要求很高，一般采用 80~100 kV。

静电喷枪的结构形式很多，有固定旋杯式、手提旋杯式、旋风式等。其中同定旋杯式喷枪的生产效率为最高，材料利用率可达 90% 以上。

静电喷涂是一种较先进的施工方法，与空气喷涂相比较，有以下主要特点：

（1）生产效率高，可实现喷涂过程的连续化和自动化。

（2）漆雾飞散损失少，比空气喷涂可节约涂料 10%~50%，涂料利用率可达 80%~90%。

（3）涂膜均匀，附着力好，涂膜质量好。

（4）大大减轻了劳动强度，且漆雾飞散少，改善了工作环境。

但静电喷涂所用的电压高，因此必须要有很好的绝缘设备，并采取必要措施以免发生危险；同时所需设备也比较复杂；再则静电喷涂因工件形状不同，造成电场强弱不同，因此均匀度就差些，由于漆雾密度小，对漆膜流平性和漆膜光泽度也会受到一定的影响。

（五）电泳涂漆

电泳涂漆是近几十年发展起来的一项涂料施工的新工艺，其工艺过程如图 4.3.1 所示。首先采用的是阳极电泳法（即阴离子型电泳底漆），因为工件是阳极，在电泳涂漆过程中发生电偶腐蚀，工件表面的磷化膜（磷酸盐）也部分溶解，因此降低了涂膜的耐腐蚀性，所以在后来又研究发展了工件是阴极的阴极电泳涂漆，如图 4.3.2 所示。

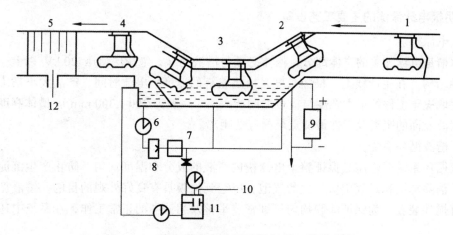

图 4.3.1　汽车车身电泳涂漆设备及工艺示意图

1—电极安装；2—接触极杆；3—电泳涂漆；4—滴漆；5—水洗；6—溢流槽；
7—热交换器；8—过滤器；9—电源；10—涂料补充；11—溶解槽；12—排水

电泳涂漆与电镀相似，将工件作为阳（或阴）极，浸渍于盛有电介质——水溶性涂料的槽中，槽体作为阴（或阳）极。两极间通以直流电后在工件表面就形成了一层均匀的涂膜，其实质就是胶体化学中的电泳原理，即带电荷的胶态粒子在直流电场作用下，向着它所带电荷相反的电极方向运动，在电极（工件）上脱去电荷，并沉积在工件表面上。所以电泳涂漆是一个复杂的电化学反应过程，主要包括电离、电泳、电沉积、电渗、电解几个反应过程。

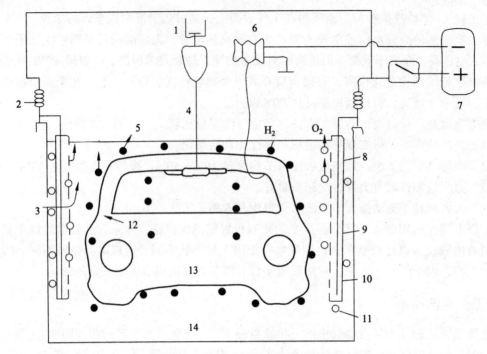

图 4.3.2　阴极电泳涂漆装置示意图

1—输送带；2—阳极汇流排；3、11—氧释放；4—汽车悬挂架；5、12—氢释放；6—阴极汇流排；
7—直流电源；8—不锈钢阳极；9—阳极板；10—酸性阳极液；13—汽车阴极；14—在线槽

1.阴极电泳涂漆的主要工艺设备

（1）电泳槽。

电泳槽是电泳装置的主体部分，槽体必须与槽液绝缘，绝缘层耐压 20 kV 以上，一般采用玻璃钢结构。在生产线上，槽体长度是由运输链的速度、电泳时间、产品大小来决定的，槽体宽度取决于工件的最大宽度与极板之间的距离（一般为 200~300 mm）。槽体高度取决于工件与漆液液面的距离及工件最低点至槽底的距离。

（2）槽液循环系统。

槽液循环系统的作用是保证整个电泳槽内漆液的成分和温度均匀，防止产生沉淀而破坏颜基比，消除电沉积过程中所产生的气泡，以达到涂膜具有良好外观的目的。槽液循环系统一般设有搅拌装置。为保证漆膜均匀、细密、平整及超滤器的正常工作，在系统中还设置了过滤器。

（3）阳极液循环系统。

阳极液循环系统由阳极液槽、阳极罩、阳极液电导控制器及循环泵等组成。在阳极反应中 pH 值逐渐降低，为了保证电泳漆的质量，阳极需装在设有半透膜的阳极罩中，阳极罩与阳极槽形成一封闭系统。阳极罩内的液面，高于电泳槽的液面形成正压，这样电泳漆就不易渗入阳极罩中。

（4）配漆系统。

配漆系统由带搅拌器的混合罐、高压供漆泵、漆液输送泵及过滤器等组成。原漆固体成分需通过高压供漆泵打入混合灌中使其稀释并搅拌均匀，然后通过漆液输送泵和过滤器将漆液输送到电泳槽内。

（5）热交换器。

阴极电泳漆的工作温度要求较严格，必须控制在一定范围内，因此必须设置热交换系统。漆液温度调节所用的热交换器有蛇管式、列管式及平板式等类型，均借助于外循环搅拌系统的泵，使漆液进行冷却或加热循环。

（6）超滤系统。

超滤器在整个电泳过程中起着很重要的作用，漆液通过超滤器时，由于进出口的压力差及超滤膜的低分子透过性，一些低分子的溶质和溶剂（电泳漆液中的水、乙醇、丁醇、各种无机杂质离子和低分子量的树脂）透过超滤膜形成超滤水，而高分子最的物质（电泳漆液中高分子量树脂、颜料颗粒）则不能透过超滤膜，从而达到分离的目的。超滤水用于清洗电泳后的浮漆，不能透过的浓缩电泳液重新返回电泳槽。通过排放超滤液，可以排除电泳槽的杂质离子和低分子产物，使漆液的 pH 值和电阻值稳定，以保证漆液的稳定和电泳涂漆的正常进行。

2. 影响电泳涂膜质量的主要因素

（1）电压。

电泳的电压是决定漆膜厚度和外观的主要因素，电压过低则泳透力差，漆膜薄；电压高，泳透性能好，但电压超过一定限度时漆膜表面粗糙，有针孔、桔皮等。电压高低决定于涂料类型与工件材料、工件外形复杂程度和极间距。一般情况下，电泳的电压为 130 - 180V，

（2）电泳时间。

涂膜厚度随着电泳时间的延长而增加，但当漆膜达到一定厚度时，继续延长时间，膜厚也不再增加。一般电泳时间为 1 ~ 3 min。

（3）漆液温度。

电沉积量随温度升高而增厚，但温度也不宜过高，过高会影响漆膜与金属的结合力，一般应控制在（25 ± 5）℃为宜，最高不得超过 35℃。

（4）漆液固体含量。

漆液固体含量过低时，泳透力降低，漆膜薄，容易产生针孔，表面粗糙。固体含量高，泳透力好，涂膜表面状态改善。但过高时，泳透力也降低，电渗性不良，漆膜粗糙疏松，而且工件带出的漆量损失也大，一般应控制漆液中固体含量在 10% ~ 15%。

（5）漆液的 pH 值。

pH 值过低时，漆液的亲水性下降，树脂水溶性不良，涂料分散性不佳，漆液易变质；pH 值过高时泳透力下降，漆膜薄，而且新沉积的漆膜会再溶解，漆膜易出现针孔，表面变粗。一般 pH 值应控制在 6.5 左右。

涂底漆前，一定要严格检查工件表面和磷化膜质量，不允许有锈、油污、灰尘，磷化膜应均匀、致密。底漆膜应完整，不应有露底现象，并确保底漆膜的厚度，一般为 20 ~ 30 μm。

底漆膜的颜色不限，一般为铁红色、灰色，但都应含有防锈颜料。

3. 电泳涂漆的特点

（1）电泳涂料用水作溶剂，避免了用有机溶剂易中毒和易发生火灾等危险，大大改善了

劳动条件。

（2）从根本上消除了漆雾，涂料利用率高，可达 90%～95%。

（3）施工速度快，可实现机械化和自动化连续操作，提高劳动生产率，减轻劳动强度。

（4）涂层质量好，涂膜均匀，附着力强。一般涂装方法不易涂到或涂不好的地方（如工件内腔、凹缘、锐边、焊缝等处），都能获得均匀、平整、光滑的涂膜。

但是电泳涂漆也存在着些缺点，例如设备较复杂，投资费用大，也只限于在导电的被涂物表面上涂漆，烘烤温度较高，耗电量稍大，不易变换涂料颜色，废水必须进行处理等。

（六）粉末涂饰

粉末涂饰是成膜物质以固体粉末的形式涂覆的，是近几年发展起来的一项新技术，它一次涂覆的涂层厚度可从几十微米到一百微米以上，可代替溶剂量涂料的几道涂层。这样就简化了施工工艺，显著减轻了劳动强度和提高了生产效率。但工件必须经高温烘烤，调色不如溶剂型涂料方便，并且要有一套相应的涂饰设备。粉末涂饰的方法有好几种，但目前应用较多的是流化床法和静电喷涂法，尤其是作为装饰性涂层，多采用静电喷涂法施工。

1. 流化床法

流化床法是在装有多孔隔板的槽中放入粉末，从底部通过多孔隔板，通入适量的压缩空气，使粉末涂料形成流化层，然后往流化层浸入预热的工件，粉末被熔融而形成均匀的涂层。这种方法的优点是设备简单，操作方便，使用的粉末品种范围广，更换颜色也较容易，缺点是不能薄涂，外观和附着力不够理想。

2. 静电喷涂法

静电喷涂法是用压缩空气将粉末送到带有高压静电的喷枪上，使粉末带上负电后，受静电引力作用而喷向并吸附在作为正极的工件上。其优点是可获得较薄的均匀涂膜，对复杂的工件也可获得较好的效果，但其设备较复杂。

二、涂膜干燥

涂膜干燥的过程也就是漆膜形成的过程，各种不同的涂料有着不同的特点，其涂膜干燥的机理也不同。挥发型涂料，例如纤维漆和乙烯类树脂漆等，是在室温下，由于溶剂的挥发而成膜的，成膜物质的分子结构没有显著的化学变化；氧化型涂料，例如油性调合漆、油性磁漆等，其漆膜的干燥不仅是由于溶剂的挥发，同时还借助于油脂的氧化-聚合作用，使其干性油脂由单体或线状聚合物转化为体型聚合物，生成坚韧耐久的漆膜，这种干燥是物理变化和化学变化两个过程相互伴随发生的；像氨基烘漆、丙烯酸烘漆等烘烤聚合型漆则必须经过一个较高温度的烘烤才能使成膜物分子的官能基发生交联固化。如环氧树脂漆中的不饱和基，在高温和触媒剂的作用下由低聚合体形成多聚体结构，这种干燥也是漆膜化学变化的结果。

为保证涂层的装饰质量，必须根据涂料的特性，正确地选择干燥方法和干燥工艺，同时还要考虑生产纲领和生产条件等因素。干燥方式从大体上可分为自然干燥和人工干燥。自然干燥不需设备，只需要灰尘少和通风良好的较大场地，成本较低，但是干燥时间受气候变化的影响较大，只适用于常温干燥的涂料和小批量生产或大型产品。在现代汽车制造工业中，为了缩短油漆的施工周期，提高涂层质量，广泛采用人工干燥法。根据受热方式，人工干燥法主要有对流式热风干燥和热辐射式干燥两种。

（一）对流式热风干燥

对流式热风干燥方式是用电、油、煤气或蒸气首先加热传导介质——空气，然后以自然对流或强制对流的方式，将热传导给被涂饰的工件，从而使漆膜干燥。这种干燥方式的热量传递是由漆膜表面向内部进行的，漆膜表面首先受热，很快干燥成皮，使漆膜内部的溶剂挥发不易散出而降低漆膜的干燥速度，由于漆膜内部溶剂的内扩散力克服不了漆膜的阻力，而引起漆膜鼓泡；当溶剂的扩散能力大于漆膜阻力时，有时引起漆膜表面产生针孔。

对流式热风干燥的设备体积大，占地面积多，升温时间长，热能利用率及干燥的效率都比较低。但由于设备简单，仍是目前应用较普遍的方法。对于汽车生产，因其批量大，可设计自动化输送线，在线中设置不同温度的烘烤室，即中间温度高，两端温度较低，符合涂膜干燥规律，工件边移动边烘烤。经过一定的时间和温度范围，最后从烘烤室的另一端出来即完成干燥过程。

例如东风汽车公司采用的面漆烘干炉是热空气对流，炉长 86 m，为单行程双线通过式，即两台炉子共用一个保温壁板，此结构大大节省了能源消耗和材料。风机及加热器均放在炉体下面，风机设有减震座。烘干室的结构目前大部分用隔热壁板分块拼装，壁板和风管全部用镀锌板制成。保温材料用厚 150 mm 的岩棉板，保温性能好，制造方便，烘干室内由于油漆溶剂的挥发，必须排出部分废气，同时补充相等量的新鲜空气。进入烘干室的新鲜空气必须净化，以防灰尘黏附在涂层上。

（二）热辐射式干燥

热辐射式干燥方式不需要任何中间介质，而是把热能转变为各种波长的电磁振动辐射能，直接传导给被涂饰的工件并能透过漆膜被工件所吸收而转变成热能，使涂层从底层向外层干燥，因此具有很高的热传递效率。

热辐射式干燥的方法因使用的辐射线不同而有红外线（包括远红外线）辐射干燥、紫外线干燥和电子束干燥，后两种方法的干燥效率非常高，在国外已有应用。我国应用较多的是红外线辐射式干燥。因产生红外线的热源或加热器不同，有红外线灯泡、碘钨灯、碳化硅或氧化镁辐射器、煤气红外线辐射器和远红外线辐射器等几种。

辐射式红外线干燥炉（室）主要由炉体、辐射器、反射板和对流加热系统组成。其中主要部件为辐射器。较小尺寸工件用宜用管式，较大尺寸工件宜用板式，有煤气者宜采用煤气红外线辐射器，氧化镁材质的管式辐射器使用寿命长，而碳化硅材质的板式辐射器则配置较为容易。管式辐射器一般需采用反射屏，反射屏宜采用反射系数高的阳极氧化铝板，反射屏一般为半球面或抛物面。辐射器的布置一般相隔 150 ~ 300 mm，烘道的中间一段布置较多、两端较少。

红外线干燥炉采用通过式较好，以便于车身的进出。炉体宜采用组合式较好，两侧应装设开放式小门，以便于安装和检修辐射器，框架可用 20～60 mm 的角钢焊成。隔热层厚度一般为 150～300 mm，用蛭石、矿渣棉、石棉板、玻璃纤维棉等材料充填。炉顶要有截面面积为 200～400 cm² 的可调节排气孔。

红外线干燥炉的对流加热系统设计也很重要，较大尺寸工件的干燥宜采用强迫对流加热系统，并要考虑通风换气，以便达到安全防爆的作用。根据干燥炉对流加热系统能量供给方式不同，又分为电热式和煤气热式两种。

红外线辐射器所发射的红外线波长比较短，均在 3 μm 以下，而远红外线辐射器能发射 3 μm 以上波长的红外线，涂料中的树脂、溶剂、颜料及水分等物质在此波长范围内有更宽和更强的吸收带。根据远红外线加热的匹配吸收理论，涂料成膜物吸收远红外线后能使漆膜内部分子振动加剧，加速树脂的聚合作用和溶剂的挥发，因而能得到一般红外线干燥炉所不能得到的优良效果。

远红外线干燥炉设计的结构要素与一般的红外线干燥炉基本相同。只是远红外线辐射元件与红外线辐射元件不同罢了。

热辐射式干燥与对流式热风干燥相比具有以下特点：

（1）干燥速度快，由内层向外层干燥，溶剂易于挥发，可大大缩短干燥时间。

（2）干燥质量好，可减少或避免涂膜产生的气泡和针孔等缺陷。

（3）升温快、热惯性小，可大大缩短烘干设备的预热时间。

（4）结构简单，设备成本低，体积小，节省占地面积。

（5）热传导方向性强。

（6）能节约能源 30%以上。

但是辐射式干燥也有缺点，若工件大而复杂，那么被辐射到的部位很快干燥了，而辐射不到的部位就需较长时间才能干燥，若等这一部分达到干燥程度，那么已干燥的部位的涂膜就会达到烤脆的程度。所以设计热辐射式干燥炉时，最好使炉膛的形状尺寸与被烘的车身（例如客车）或驾驶室的形状尺寸相似，以使车身或驾驶室的涂膜各处都能被辐射线照得到，保证各处的涂膜能基本同时烘干。

热辐射式干燥在产量不大的汽车车身、特别是客车车身的生产中应用较多。

三、汽车车身涂饰的典型工艺

汽车涂饰属于多层涂饰，由于各种汽车的使用条件不同，涂饰工艺也各不相同。概括起来，国内外汽车车身涂饰工艺可以分为以下 3 个基本体系：

1. 涂三层烘三次体系

即涂层采用底漆涂层+中间涂层+面漆涂层的三层结构，三层分别烘干。对于外观装饰性要求高的轿车车身、旅行车和大客车车身一般都采用这种涂饰体系。

2. 涂三层烘两次体系

涂层仍为三层，而底漆层不烘干，涂中间涂层后一起烘干，采用"湿碰湿"工艺，因而烘干次数由三次减为二次。对于外观装饰性要求不太高的旅行车和大客车车身及轻型载货汽车的驾驶室等一般采用这种涂饰体系。

3. 涂两层烘两次体系

即涂层仅有底漆涂层和面漆涂层而无中间涂层，两层分别烘干。中型、重型载货汽车的驾驶室一般采用这种涂饰体系。

例如，我国东风汽车公司的载货汽车车身的涂两层烘两次涂饰工艺如下：

白件装挂→预脱脂→脱脂→水洗→水洗→磷化→水洗→钝化→循环纯水洗→干净纯水洗→热风吹干→冷却→上电极→阴极电泳涂漆→循环超滤水洗→干净超滤水洗→循环纯水洗→干净纯水洗→卸电极→电泳漆烘干→打磨→喷防声胶→擦净→喷一道面漆→闪蒸→喷二道面漆→晾置→面漆烘干→检验→送总装车间。

神龙富康公司的雪铁龙 ZX（富康）轿车的涂三层烘三次涂装工艺如下：

预清洗→碱液脱脂→水洗→表面调整→磷化→水洗（两次）→阴极电泳涂漆→水洗（四次）→烘干→底漆打磨→喷中涂（两道）→晾置→烘干→中涂打磨→喷面漆（两道）→烘干→检查。

【任务实施】

汽车车身涂装与漆膜干燥作业如表 4.3.1 所示。

表 4.3.1 汽车车身涂装与漆膜干燥作业表

（1）了解汽车车身涂装工艺过程； （2）掌握车身涂料各工序技术要领			
注意事项	（1）注意汽车车身涂装与漆膜干燥生产线安全保护 （2）注意现场整洁		
任务实施过程	作业内容	作业要领	检查记录
	指导教师介绍涂装生产线涂漆、烘干工艺流程与设备、质量检验	熟悉汽车车身涂装与漆膜干燥工艺过程	
	观摩涂装生产线涂漆、烘干工艺流程、工位设备操作、质量检验	掌握涂装生产线涂漆、烘干工艺流程、工位设备操作、质量检验技术要领，并填写任务单	
任务总结			

【项目测练】

1. 常用的汽车车身涂料有哪些种类？各有什么特点？

2. 一般汽车车身涂装前处理工艺过程是怎样安排的？

3. 车身涂漆方法有哪些？各自的特点及应用范围是什么？

4. 车身漆膜干燥方法有哪些？各自的特点及应用范围是什么？

5. 在汽车生产企业涂装车间生产线上进行进行汽车车身涂装实际操作。

参考文献

[1] 刘建超，张宝忠. 冲压模具设计与制造[M]. 北京：高等教育出版社，2004.

[2] 胡兆国. 冷冲压工艺及模具设计[M]. 北京：北京理工大学出版社，2009.

[3] 田光辉，林红旗. 模具设计与制造[M]. 北京：北京大学出版社，2009.

[4] 李名望. 冲压工艺与模具设计[M]. 北京：人民邮电出版社，2009.

[5] 牟林，胡建华. 冲压工艺与模具设计[M]. 北京：北京大学出版社，2010.

[6] 王树立. 冷冲压模具设计[M]. 北京：中国轻工业出版社，1996.

[7] 徐政坤. 冲压模具设计与制造[M]. 北京：化学工业出版社，2009.

[8] 薛啟翔. 冲压模具设计和加工计算速查手册[M]. 北京：化学工业出版社，2007.

[9] 成虹. 冲压工艺与模具设计[M]. 2 版. 北京：机械工业出版社，2006.

[10] 贾俐俐，柯旭贵. 冲压工艺与模具设计[M]. 北京：人民邮电出版社，2008.

[11] 宋晓琳. 汽车车身制造工艺学[M]. 北京：北京理工大学出版社，2009.

[12] 钟诗清，吴焕芹. 汽车车身制造工艺学[M]. 北京：人民交通出版社，2012.